河川・水の学び

公益財団法人 河川財団 著

生きる力を
のばす教育

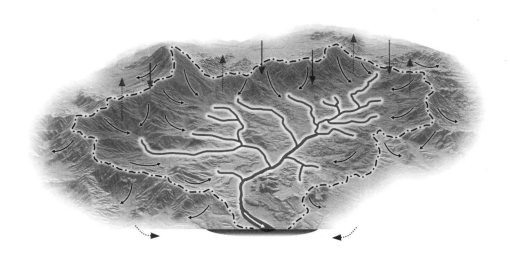

教育出版

はじめに

　人にとって必須の物質である水は、生活の中の多くの場において幼少期から遭遇するものである。水には直接触れることができ、そこから得られる体感を通して、その特性や役割を無理なく理解することができる。しかもこの理解は、学習者の発達段階に応じて深まるという特徴をもつことから、水は、他にはない固有の価値を持つ優れた学習材であるといえる。水は、自然の事物・現象として、身近なものであるとともに、生活に密着していることから、社会的事象を対象とする学習にも役立つ。さらに、文学や芸術の対象としても多く取り上げられている。このように、水は学校教育における種々の単元においても扱われていることから、水を対象とした学習を軸として、学習内容を関連付けることで、教科内だけでなく教科等横断的な学びへも貢献する。

　水が集まり流れる河川も、水に関する理解を敷衍することで、学習者の発達段階に応じた実感を伴った理解が可能な学習材といえる。河川に関する学びにおいては、とりわけ、以下に示す流域と水循環という二つの構成概念が特に学習価値のあるものといえる。

　幼少期の水遊びに始まり、児童や生徒は、高い場所から低い場所へと流れる水の流れを繰り返し目撃しており、このような水の流れ方については、小学校4年生になれば実感を伴って理解できるものとなっていく。この理解を発展させて、「雨水の行方と地面の様子」の単元の学習の際に、「起伏のある土地について、周囲よりも高い場所のつながりで囲むことができれば、その内側に降った雨や雪（水）は、その内側で集まりながら流れ下ることで、やがて河川を形成する」ことを理解できる。そして、このような土地の範囲が流域であるという見方や捉え方が理解できれば、土地を観察する際に、さらに大きな学習効果が得られる。例えば、流域という見方・捉え方を通して河川を見ることで、流域における降水量の変化が時間遅れをもって河川流量を変化させることが理解できるようになる。また、流域に降った大雨が洪水につながりうることや流域における降雨が少ないと渇水が起こりうるということが理解できるようになる。さらに、流域という視点を持ち、河川と土地利用との関連性を観察すれば、「な

ぜ水田は低平地に多いのか」など、現在の土地利用が進んだ理由を想像しながら理解を進めることが可能となる。このように流域の見方・捉え方を習得し活用できれば、水害、水利用、土地利用にとどまらず多くの事柄について、新しい理解に発展することになる。これは、水害から自らを守ることにもつながる。

上述のように、流域という見方・捉え方の習得は、蓄積された個別の要素としての知識を束ねるだけでなく、幾何学における補助線の様に、それまで見えなかった知の地平を新しいものに深化・拡大していくという学びの喜びにもつながると考えられる。

水がどこにあり、どのように動くかを表すものである水循環についても、流域同様に、河川や水と関連する多くの事柄についての理解を促進する。降水や流域に降った水の地上における流れは、地球上の大きな水循環の一部であり、絶えることの無い河川の水の流れを駆動しているものである。地球温暖化による気候変動が進めば、水循環への影響を通じて、河川の水の流れに影響を及ぼしうること、さらにそれは、自らの生活に大きな影響を及ぼしうることなど、水循環を学ぶことで、実感しにくい地球規模の大きな現象さえも、自分たちの生活に大きく関わっていることの理解へと発展する。水循環があることで初めて我々の生活が持続的に成り立っていることも理解できるようになる。

このように、流域や水循環を踏まえて河川・水を学ぶことで、すでに学んだ多くの知識を関連付けることが可能となり、児童・生徒自らがこれらの知識を概念として構成できるようになる。このことは、河川を対象とした学習の成果として、なぜそうなのか、そうなるのかという具体的な問いを、河川や水に関する現象や事項を対象に、児童・生徒自らの言葉で発すると共に答えることが可能となったという指摘により裏付けられている。個別の知識が、河川・水の学びを通して、これら個別の知識や要素を組み立てて、全体をシステムとして構築し理解する思考力へと発展すると考えられる。

身近であるがゆえに普段あまり意識されることの無い水と、その水の働きにより形成される身近な自然の事物としての河川についての学びを、学校教育において意識的に活用することで、児童・生徒が、物事を関連付けながら概念を構築し、体系化した

上で体得していく学習能力の向上に役立つと考えられる。また、河川や水を学びの対象とすることで、自らの言葉で他者とコミュニケーションをする能力向上や、自然を愛する情操も同時に育むことも可能と考えられる。

このように、河川・水の学びは、学校教育において有用なものであり、さらには河川や水と関わることにより、水や河川について①感じ、②考え、③水や河川とともに生きる、という新しい価値の教育の構築にもつながるものといえる。

本書は、学校教育における河川・水の学びの価値や意義について検討するとともに、その学校教育における実践のため、有識者からなる河川・水教育研究会を設置し行った議論をもとに、河川財団で執筆、編集したものである。

本書が、今後の河川・水の学びの発展の一助になることを期待する。

令和6年3月

公益財団法人 河川財団　理事長 関 克己

目　次

第1章　河川・水の学びがもつ価値の概観 編 ···················· 1

　第1節　はじめに ···························· 2

　第2節　河川・水の学びの価値 ···························· 3

　　2.1「知識及び技能」の習得 ···························· 3

　　2.2「思考力、判断力、表現力等」の育成 ···························· 5

　　2.3　「学びに向かう力、人間性等」の涵養 ···························· 8

　第3節　流域と水循環：河川・水の学びの価値を高める代表的な事柄 ···················· 10

　　3.1　流域 ···························· 11

　　3.2　水循環 ···························· 13

　第4節　システム思考：河川・水の学びを通して習得できる有用な思考力 ···················· 14

　第5節　まとめ ···························· 15

第2章　総合的な学習の時間 編 ···························· 17

　第1節　総合的な学習の時間に貢献する河川・水の学びの価値の概観 ···················· 19

　　1.1　総合的な学習の時間の目標との関係 ···························· 19

　　1.2　各学校において定める目標及び内容との関係 ···························· 25

　　1.3　探究課題としての河川・水の学び ···························· 28

　　1.4　学習材としての河川・水の学び ···························· 29

　　1.5　まとめ ···························· 30

　第2節　目標を実現するにふさわしい探究課題への貢献 ···························· 30

　　2.1　各学校の目標の実現に貢献可能な探究課題 ···························· 32

　　2.2　探究課題の解決を通して育成を目指す具体的な資質・能力 ···················· 36

　第3節　総合的な学習の時間の教材（学習材）としての貢献 ···················· 40

第3章　理科・社会科 編 ………………………………………………………………… 47

第1節　理科と社会科に貢献する河川・水の学びの価値の概観 ……………………… 49

第2節　理科への貢献 ……………………………………………………………………… 51

　2.1　教科の目標との関連 ………………………………………………………………… 51

　2.2　第4学年の学習内容への貢献 ……………………………………………………… 55

　2.3　第5学年の学習内容への貢献 ……………………………………………………… 65

　　　　コラム　水の流れが物におよぼす力 …………………………………………… 69

　2.4　第6学年の学習内容への貢献 ……………………………………………………… 73

　2.5　まとめ ………………………………………………………………………………… 77

第3節　社会科への貢献 …………………………………………………………………… 79

　3.1　概説 …………………………………………………………………………………… 79

　3.2　第3学年の学習内容への貢献 ……………………………………………………… 83

　3.3　第4学年の学習内容への貢献 ……………………………………………………… 90

　3.4　第5学年の学習内容への貢献 ……………………………………………………… 106

　3.5　第6学年の学習内容への貢献 ……………………………………………………… 114

　3.6　まとめ ………………………………………………………………………………… 115

第4章　幼児教育・生活科 編 ………………………………………………………… 117

第1節　幼児教育・生活科に貢献する河川・水の学びの価値の概観 ………………… 119

第2節　幼児教育への貢献 ………………………………………………………………… 121

　2.1　幼児教育の基本と河川・水の学び ………………………………………………… 121

　2.2　「幼児期の終わりまでに育ってほしい姿」に照らした河川・水の貢献例 ……… 123

　2.3　河川・水の提供する環境及びその環境を活用した遊び・活動とその価値 …… 127

　2.4　まとめ ………………………………………………………………………………… 130

第3節　生活科への貢献 …………………………………………………………………… 132

　3.1　生活科の教科目標と河川・水の学び ……………………………………………… 132

　3.2　生活科の内容の9項目に照らした河川・水の貢献例 …………………………… 135

　3.3　生活科の学習内容と他教科等との関連・中学年以降の教育への接続 ……… 139

vi

3.4　まとめ ……………………………………………………………………… 143

第5章　段階的発展が可能な河川・水の学び 編 ……………………… 145

第1節　段階的発展が可能な河川・水の学び ……………………………… 147

1.1　子どもの発達に応じた学びの価値 ………………………………… 147

1.2　まとめ ………………………………………………………………… 149

第2節　「教科等横断的な学び」への貢献 ………………………………… 151

第3節　「学習の基盤となる資質・能力」育成への貢献 ………………… 152

3.1　「現代的な諸課題に対応して求められる資質・能力」との関連 ……… 160

3.2　「学習の基盤となる資質・能力」との関連 ……………………… 161

3.3　河川・水のテーマ設定による各単元・教科等の縦断的・横断的な学びの例 …… 166

3.4　まとめ ………………………………………………………………… 176

巻末資料

河川・水教育研究会　委員 ………………………………………………… 178

執筆・編集者 ………………………………………………………………… 178

引用・参考文献 ……………………………………………………………… 179

索引 …………………………………………………………………………… 180

第 **1** 章

河川・水の学びがもつ 価値の概観 編

第1節　はじめに

第2節　河川・水の学びの価値

第3節　流域と水循環：河川・水の学びの価値を高める代表的な事柄

第4節　システム思考：河川・水の学びを通して習得できる有用な思考力

第5節　まとめ

第1節　はじめに

　河川・水を学ぶことは、河川・水そのものについて学ぶ価値があるだけでなく、むしろ河川・水についての学びを通して多くの教育的効果を生みだすと考えられる。このため、河川・水を学ぶことにより得られる教育的効果を含めた学び全般を「**河川・水の学び**」と表現し、**河川・水の学びの価値について整理を進める**こととする。

　学校教育法第21条において、小学校において達成することが求められる10個の目標が示されている。さらに同第30条の②には、これらを達成するための留意点として、「生涯にわたり学習する基盤が培われるよう、基礎的な知識及び技能を習得させるとともに、これらを活用して課題を解決するために必要な思考力、判断力、表現力その他の能力をはぐくみ、主体的に学習に取り組む態度を養うことに、特に意を用いなければならない。」と示されている。河川・水の学びが、ここに示された留意点に合致するものであることを本稿で示していく。

　河川・水という存在は、種々の教科等（理科、社会科等）の多くの単元における学習内容に関連しており、それぞれの単元を学習する際に、河川や水の存在や役割に留意して指導することで、各単元の理解を深めるだけでなく、単元間あるいは教科等横断的な学習内容の関連性の理解を自然に喚起する効果が得られると考えられる。特に、河川・水は身近に存在するものであり、その特徴や挙動は目につきやすく、理解しやすい教材であるという利点もある。このように、河川・水の学びは、各教科等において学習した個別の知識を教科等横断的に結び付けることで、これら知識についての統合的な理解を無理なく進めることができる。またこのような統合的な理解に至る経験を通して、より深い思考ができるように児童・生徒を導くことが期待できる。

　また、比較的大きな河川は、勾配や川底の土砂の大きさといった特性や、周辺の地形により、上・中・下流部という部分に分けることが比較的容易である。これらの部分と、全体として見た河川の関係性も理解しやすい。このような特徴をもつ河川や水を学ぶことを通して、**ものごとの全体を一つの系（システム）と捉えて、部分（要素）の機能や関連性を理解するとともに、部分が全体を構成する様を把握しつつ全体を理**

第1章　河川・水の学びがもつ価値の概観 編

解するという思考方法の育成が可能である。後述するように、河川・水の学びは、各教科等の学習内容において個別に習得されてきた知識や思考力等を総合的に活用・発揮できる学びであるとともに、各教科等において育成を目指す資質・能力が生きて働く場面として寄与するものである。

　また、河川・水は、実際に身近にある生きた教材として、自分たちの身の回りから見出した課題の解決に向けて、主体的・協働的に取り組み、積極的に社会に参画することを目指す教育を実現するために適したものであり、学習の在り方として、「探究的な見方・考え方を働かせる」、「横断的・総合的な学習を行う」、「よりよく課題を解決し、自己の生き方を考えていく」ことを第1の目標に掲げている総合的な学習の時間の教材（学習材）としても優れた題材である。

　さらに、知識や思考力の育成にとどまらず、人格の形成、自然への畏敬の醸成といった人間性等の涵養においても、河川・水の学びが導くものの価値は計り知れない。

　第1章においては、小学校学習指導要領（平成29年告示）解説　総則編（以下、学習指導要領解説（総則編）という）が示す、各教科等の目標および内容を構成する資質・能力の三つの柱である、「知識及び技能」、「思考力、判断力、表現力等」、「学びに向かう力、人間性等」に着目し、河川・水を学ぶことの価値を整理する。また、河川・水の学びは、これらの資質・能力を育むための「主体的な学び」、「対話的な学び」、「深い学び」を実践しうることに着目した整理を行う。

第2節　河川・水の学びの価値

2.1　「知識及び技能」の習得

各教科等で既習の知識及び技能を関連付けることで内容を深めて習得

　河川・水の学びは、知識の詰込みではない。河川・水を学ぶことにより、既習の知識及び技能が関連付けられることで、各教科等で扱う主要な概念の理解が深まり、他の学習や生活の場面でも活用できるような確かな知識や技能として、内容を深めて習

3

得することができる。河川・水の学びにより無理なく学ぶことができる追加的知識や技能は、化学反応における触媒のごとく、各教科等で既習の知識及び技能を飛躍的に発展させることができる。

　この代表的なものが、「**流域**」と「**水循環**」という見方・捉え方である（3.1、3.2参照）。流域という見方・捉え方のもとで、個別に習得された降雨や河川の流れといった既得の知識は関連付けられ、「流域内に降った雨の一部が河川の流れとして流出し、さらに上流から下流へと流れる」といった陸における水循環のしくみの概要が理解できるようになる。また、このようなしくみが理解できれば、「流域内の時間当たりの降雨量が増大すると、川を流れる水の量が増加し、上流からの流量を流しきれない箇所で氾濫が生じる」というような、原理や機構から無理なく導きうる新たな知識を習得できる。このように得られた知識についての理解は、「洪水の時は雨降り（大雨が降ると洪水が起こる）」という程度の漠然とした理解から、「洪水を起こしうる雨の降り方（空間分布、時間雨量）」に関する深い理解へと発展していく。このように流域や水循環という見方・捉え方を通して、既習の知識や技能を関連付けて学ぶことができる**河川・水の学びは、原理原則の理解につながるとともに、原理原則を導く過程についての理解につながる教材**である。

　また、流域を単位として、洪水氾濫と、地域社会の歴史、地理とを相互に関連付けることにより、水害特性を決める要因（洪水氾濫が生じた箇所周辺の社会状況に応じて水害が規定される）の理解も可能となる。**問題の分節化、要素の分節化を行った上で、全体を見ることで得られたこのような知識を活用することで、例えば防災情報として必須な浸水想定区域図の真の理解を通して、危険を知りわが身を守るといった技能の習得にもつながるものである**（川はつながっていること、自宅の浸水想定を知ったうえで、目の前から広く流域の視点へと理解が展開できる。）。

　これらの例に見られるように、河川・水の学びを通して得られる新たな知識や技能は、既得の知識及び技能と関連付けられ、その結果として**各教科等で扱う主要な概念を深く理解し、他の学習や生活の場面でも活用できるような確かな知識や技能として習得される。さらに、このような知識や技能は、大人になってから直面する可能性のある問題を解決する上でも役立つ**ものである。

第1章　河川・水の学びがもつ価値の概観 編

2.2　「思考力、判断力、表現力等」の育成

　河川・水の学びは、新たな知識や技能の習得にとどまらず、むしろ思考力、判断力、表現力等の育成に真価を発揮する。一つの系（システム）における全体と部分との関係付けを通したものの見方の育成、教科横断的な視点に立った思考力等の育成に資するものであり、知識の活かし方やものの見方を訓練することで、主体的かつ深い学びが期待できる。

（1）全体と部分、要素間の関連付けを通した思考力等の育成

流域と水循環という見方・捉え方が河川を部分と全体からなるシステムとして理解することを可能にする

　降雨、河川の流れについては、それぞれ既習の要素である。これらに加えて、水循環という見方・捉え方を習得することで、降雨が陸地で集められて、河川の流れになるということが理解できる。さらに流域（面積の単位）の見方・捉え方を習得することで、降雨量（単位時間当たりの高さの単位）に流域面積を掛けたものが概ねの河川流量（単位時間当たりの体積の単位）となることが量的に関連付けられる。このように降雨と河川流量といった要素間の関連を理解しながら、次に全体の理解へと進むことが可能である。

　最初は校庭の水たまりの比較（大きい水たまりと小さい水たまりがなぜできるか）のような直感的に理解できる簡単なものから流域や水循環の理解を始めて、河川の上流から下流へと小さな河川が合流しながら大きな河川ができる等、地図も使いながら、流域全体と河川の関係へと理解を進めることができる。この際に、高い場所から低い場所へと水循環の一部として河川を流れ下る水を想像することで、地図から地形を立体的に捉えるという思考力の涵養にもつながると考えられる。

　さらに河川の流れが流域に支配されていることがわかれば、身近な河川の流量が、どこに降った雨によって変化するのかもわかるようになる。これは、降雨の時間的・空間的分布を、流域（地形）と組み合わせることで、河川流量の時間的変化に関連付けることが可能であるという新しい知識や思考力の習得に導くものである。さらに、この理解の過程で、流域内の上流の小河川が、合流し流量を増しながら徐々に大きな

5

河川を形成していくことを同時に学習できれば、**河川の上流部、中流部、下流部がどのようにつながっているのか、すなわち部分と全体との関係がしっかりと把握できる。**

　このように河川・水の学びを通して、**断片的にもっていた知識が統合されることで、部分と全体との関係を通して、一つの系（システム）を理解する、系統だった論理的思考力等の習得につながることが期待できる。**

　このような思考力が身に付くことで、論理に基づいた判断力が育成される。物事を関連付けて論理的に判断できるようになれば、第三者にも理解できるように説明する表現力や論理に基づいた合理的な行動力の育成にもつながる。

（2）実感を伴った教科等横断的な学習が可能

教科等横断的な学習が無理なく可能

　流域や水循環という見方・捉え方や、河川という一つの系に関する知識は、理科で学ぶ個別の自然現象に関する学習を補強するだけでなく、社会科で学ぶ地域社会の地理や歴史と相互に関連付けることにより、水害が起こる原因の理解にもつながる。すなわち、単に水害の歴史を知識として習得することにとどまらず、教科等横断的な視点の学習として、自然現象としての洪水と社会現象としての水害を区別したうえで合わせて理解することで、将来起こりうる未知の災害に対して能動的に対処しうる思考力、判断力、表現力等を身に付けることができる。このように、**河川や水について学ぶことを通して、既習の知識を使って身近な自然現象の機構を理解できる上に、さらに自然と社会との関わりについての理解も、実感を伴って学ぶことができる。**

　流域の中で、河川がどのように流れるのかについては、水は高い場所から低い場所へと流れることとして、既習である。この知識から、河川は、流域の低い場所を選んで流れていることが理解できる。上流域で集められてきた水の量（流量）が豪雨等により増加する現象が洪水であり、洪水が激化すると、洪水を河川内で流しきれなくなる箇所が発生する。これが氾濫である。氾濫が生じると、普段種々の利用がされている土地が冠水する。冠水により社会的被害が生じることで水害となる。自然現象としての洪水と氾濫の機構を理解したうえで流域の土地利用を見ると、河川のそばの低地は水田など耕作に利用されているところが多いことや、日本の大都市は沖積平野に広

6

がるため洪水に対して脆弱なことが理解できる。このように既往の知識を関連付けることで、人が住んだり利用したりしている場所で氾濫が起こると水害となることが実感を伴って理解されていく。

　5年生の理科（天気の変化、流れる水の働きと土地の変化）で地域の河川の水害の歴史を1時間学ぶだけで学習の有用感が増し、汎用能力を育成することが報告されている。**水害発生の機構を学習することは、教科等横断的な学習そのものであり、河川・水の学びは、この水害の理解例に示されるように、その発生原因を踏まえた複合的な理解に基づく教科等横断的な学習を、実感を伴いながら、直感的かつ簡易に実施することを可能とする。**このようにして得られた思考力は、それに基づく判断力、さらには表現力の育成にもつながる。

（3）知識の活かし方、ものの見方を訓練することで主体的かつ深い学びにつながる

現代的諸課題に対応するための資質・能力を涵養

　（1）、（2）で示した教育的効果を通して、社会や生活の中で直面するような未知の状況の中でも、その状況と自分との関わりを見つめて具体的に何をすべきかを整理したり、その過程で既習の知識や技能をどのように活用し、必要となる新しい知識や技能をどのように得ればよいのかを考えたりする力の習得（主体的かつ深い学び）につながる。このようにして得られた能力は、現代的な諸課題に対応していくためにも活用しうるものである。

　例えば、（2）に示した水害についての理解がさらに進めば、自分たちが住んでいる場所の水害リスクや、どんな場所や状況において水害リスクが高くなるのかについて知るために必要な情報や情報の使い方も習得できる。具体的には、浸水想定区域図と、地形を示す地図を比較することで、川の水が氾濫した後、土地の高低に対応して、どのように氾濫水が流れるのかを推定することが可能となる。また、さらに土地利用が描かれた地図に照らして見ることができれば、このような氾濫が生じた際に、社会現象としての水害の状況がどのようなものになるか想像する思考力も習得できるだろう。そうすれば、避難を含めて自分事としてどのように対処すべきかという判断力や、他者と連携して対応するための表現力も育成されるだろう。

このように教科等横断的な知識を活用しながら、河川・水の学びを通して得られる複雑な現象の理解は、実感を伴う深い理解であり、主体的かつ深い学びをもたらし、ひいては現代的諸課題に対応していくための資質・能力を涵養することができる。

２.３　「学びに向かう力、人間性等」の涵養

　河川・水の学びは、地理、気候、歴史、経済、政治などに関わっており、時間的・空間的な広がりをもつ包括的なものである。また、河川・水という身近に存在する本物を対象に学ぶことは、自分たちの身の回りから課題を見出していき、主体的・対話的・協働的な深い学びにつなげることを可能とし、その過程を通して良好な人間関係の形成への態度や持続可能な社会づくりに向けた態度等も涵養する。

（1）主体的・対話的な深い学びが可能

どの学校でも深い学びの体験が実現可能

　全国どこにでもあり、地域性が強く多様であるとともに、普遍性も併せ持つ河川は、体験や感覚を通しての学びをすべての学校において提供できる。

　身近に存在する河川から学ぶことで、各教科等で得た知識（学んだこと）の確認ができると同時に、知らないことやわからないことを実感できる。すなわち、各教科等において通常行われている学習活動（言語活動、観察・実験、問題解決的な学習など）の質を向上させることが可能となる。河川・水を学習対象とすることで、深い学びの鍵としての「見方・考え方」を自在に働かせることが可能となる。

　近所の河川、小川や池、雨が降った後の校庭の水たまり等を対象に、どの学校でも屋外に出掛けて地域の自然に親しむ活動や体験的な活動が可能である。河川は、活動のフィールドとして多面的かつ身体的・感覚的な関わりの機会を提供可能である。例えば、河川の流れや河原の石の様子等を実際の河川で観察することにより、各教科等で得た知識で理解できることが確認できるとともに、既習の知識では理解できないことが多く存在する（例えば、河川の流れは一様、一定ではなく、結構複雑であること、河原のない河川もあれば、石だけでなく砂や泥もあることなど）ことも実感できる。

このような主体的・対話的な学びを実感を伴って体験し、河川・水に対する興味を覚えることで、好奇心が刺激され、より深い学びにつながることが期待できる。

（2）体験活動を通して学びの意義を実感可能

学びの意義を自然を通して実感

　例えば、河川に棲む生き物について実地で学ぶことで、生命を尊重し自然環境の保全に寄与する態度の醸成が期待できる等、体験活動を通して、学んだことの意義を実感できる学習活動になりうる。

　河川に棲む生き物についての学習は、河川という身近な自然への親しみを感じさせることにつながるとともに、河川に棲む生き物が人間活動（河川の工事による改変、社会活動の結果としての排水に伴う水質汚濁等）から受ける影響の大きさを知ることで、生命を尊重し、自然環境の保全に寄与しようとする態度の醸成につながることが期待される。また、人工ではない自然の河川を対象とした実際の体験活動は、人知の及ばない自然への畏敬の醸成にもつながる。このように、河川を対象とした体験的な学びは、学んだことの意義を実感とともに理解することにつながるものである。

（3）知識だけでは解決できない課題にふれることで豊かな人間性を涵養

メタ認知に関わる力を育成

　社会と水の関係を知ることで、二者択一で済まない問題状況のもとで、開かれた問題解決に向けた学習を自らの視点で実行することができる。このような学習の過程においては、地域への貢献の方法に関する議論、情報整理や学習過程における児童・生徒間での協働も学習要素となり、主体的に学習する態度も含めた学びに向かう力やよりよい生活や人間関係を自主的に形成する態度などの涵養につながる。さらに多様性を尊重する態度や互いの良さを活かして協働する力、持続可能な社会づくりに向けた態度、リーダーシップやチームワーク、感性、優しさや思いやりなど人間性に関するものの涵養にもつながる。

　河川や流域が身近に存在することで、この存在を対象にして、水害への対処を通し

た地域社会の歴史（変化）や、農地や住宅地の分布といった土地利用特性と河川や水とのつながりを実感として理解できる。さらには、かんがい、発電、上工水の利用における社会的合意形成や、水害における上下流や左右岸地域間の対立の歴史的経緯や実態を知ることで、公平な水利用を目指す社会的協調や、洪水に対する上下流や左右岸間の対立の存在がなぜ生じたかについても理解できる。このような学習を通して、児童・生徒は社会的課題を如何に解決すべきか、個人として地域にどのように貢献すべきか、どのような協働が可能なのかといった社会参画について、自分事として考え、取り組んでいくようになる。**このような学習は、知識だけでは回答が見つけられない課題をどのように解決するかについて、考えるものであり、自分の思考や行動を客観的に把握し認識する、いわゆる「メタ認知」に関わる力を育成することにもつながり、ひいては豊かな人間性を基盤として、社会的課題について考えるきっかけを提供しうる。**

　また、このような課題は、グループでの議論の対象としてふさわしいものであり、グループでの議論を通して、持続可能な社会づくりに向けた態度、リーダーシップやチームワーク、感性、優しさや思いやりなど人間性に関するものの涵養を可能とするものである。

第3節　流域と水循環：河川・水の学びの価値を高める代表的な事柄

　ここまで、学習指導要領解説（総則編）が示す、教科等の目標および内容を構成する資質・能力の三つの柱である、「知識及び技能」、「思考力、判断力、表現力等」、「学びに向かう力、人間性等」に着目し、河川・水の学びが学校教育に貢献しうる価値について整理してきた。この後の章では、総合的な学習の時間および各教科等に河川・水の学びが貢献しうる価値について述べる。その前に、ここでは、河川・水の学びの価値を高める代表的な事柄である「流域」、「水循環」について概略を述べる。図−1.1.1に示す流域という場において、水のありかや流れである水循環の結果として、河川が形成される。これら二つの事柄の構造を理解し、その見方・捉え方を習得することで、

河川と水が関連付けられ、河川・水の学びの価値を高めることにつながる。また、これら二つの事柄の見方・捉え方を活用することで、**第4節**で述べるシステム思考の習得にもつながるものと考えられる。

3.1　流域

　地上に降った水（雨や雪）は、地表面を流れるとともに、地下にも浸透する。これらの水は、陸を経てやがては海に至る。この水の流れは、主に地形が決定している。ある河川の海への出口を河口と呼ぶ。この河口から海へと流れ出る水を集めてきた範囲を、この河川の流域という。流域は通常、山地の尾根のような凸部で囲まれている。

　山地の尾根に水（雨や雪）が降ることを考えてみると、地上に降った水（雨や雪）は、尾根を境に別々の方向に分かれて流れる。その後、これらの水は標高がより低い場所（谷）へと流れていき、集まりながら、河川となる。この河川も、より低い場所へと流れながら、別の河川と合流しながら、最終的に海（場所によっては出口のない湖のような窪地）へと至る。地上に到達した後、尾根の両側の谷に別れ別れに流れた水は、下流へと河川を流れながら、やがて下流で合流する場合もあれば、それぞれ合流することなく別々の河川を経て海へと至る場合がある。この後者の場合の様に、その尾根で別れ別れになった水が、海まで合流することなく別々の河川で運ばれる場合、この尾根はこれらの河川の流域の境界となる。このような境界を分水嶺（分水界）と呼ぶ。

　河川の流域は、この分水嶺により囲まれた陸地である。河口から見た流域は、その河川の全流域となる。また、河川のどの場所でも、そこより上流側に、その場所を流れる水を集めてきた流域を設定できる（例えば支川ごとに支川流域を設定することができる）。

　以上が流域の構造であり、この構造を理解できれば、流域を基盤にして河川や水に関する理解が飛躍的に発展する。例えば、河川のある地点を流れる水は、用水路や上下水道などの人間による影響を除いて、その地点の流域に降った水（雨や雪）が集まって来たものであることが理解できる。これが理解できれば、河川のある地点を流れる水の量は、その地点の流域に降った水（雨や雪）の量により影響を受けることが容易

に理解できる。このように流域という見方・捉え方が習得できれば、流域に大雨が降れば、流れてくる時間を経て、河川の水量が増えることがわかるし、さらに発展して、上流域で水を汚せば下流の水質が悪くなることも理解できる。

流域という見方・捉え方

　流域という見方・捉え方を習得することで、河川がどのようにしてできるのか、陸地に降った水（雨や雪）がどう流れるのかということが、既往の知識を関連付けて正確に理解できる。さらに理解が深まれば、水の流れを決める流域は、地形によって決まることや、逆に水の流れが、侵食や堆積により流域を作り出してきたことも知識として蓄積される。このように、**流域という見方・捉え方の習得は、上記の様にそれまで蓄積された個別の要素としての知識を束ねるだけでなく、幾何学における補助線の様に、それまで見えなかったものを、明瞭に理解できるように変える経験をもたらす。**このような経験は、学びの喜びにもつながるものである。

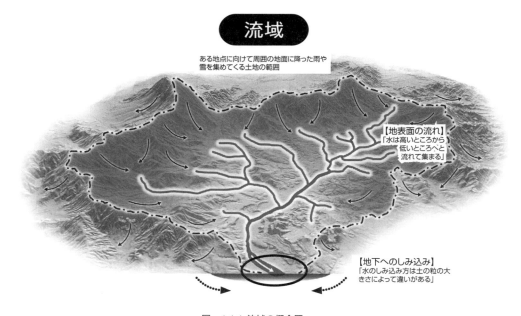

図－1.1.1　流域の概念図
図中の楕円（ ◯ ）で示した地点の流域は、
図中の一点鎖線（-—）で示された「尾根を結んだ稜線」で囲まれた内側の範囲となる

3.2　水循環

　水は、大気中、地表、地下に気体、液体、固体のかたちで存在している。**水循環は、水がどこにあり、どのように動くかを表すものである。**地球上の水の 97.47％ は、海などに塩水として蓄えられており、次に大きな量は氷河などに蓄えられている。このため、地球全体でみると、河川や湖沼に存在する淡水の量は、0.008％ に過ぎないとされている（令和3年度水循環施策）。自然の状態では、太陽エネルギーと重力が水を循環させている。太陽のエネルギーにより、液体の水が蒸発して水蒸気になる。また、植物は蒸散により大気中に水蒸気を放出する。この蒸発と蒸散を合わせた蒸発散は、水が地表や海から大気中に移動する主な方法である。次に大気中の水蒸気は冷やされて雲になり、重力によって、雲から雨や雪として地上に降り注ぐ。地上に降った水は再度蒸発散により大気中に移動する他、地表あるいは地下を低い場所へと流れてやがて海へと至る。米国地質調査所（USGS）は、「**水循環は、水が地球上のどこにあり、どのように動くかを表す。人間の水利用、土地利用、気候変動はすべて水循環に影響を与えている。これらの影響を理解することで、持続可能な水の利用に取り組むことができる。**」と述べている。

　地表に降った水は、流域を流れる。このため、人が使いやすい地表水の利用は、流域内で影響しあうことになる。従って、人間社会の水の使用は、流域内で調整するのが通常である。人と水との関わり（特に持続可能性に関わる事項）について学ぶ際には、流域における水循環について知ることが必須である。

　地形から水の流れという視点に立って切り取られる（決定される）流域、降水から始まり地表や地下を流れたり貯留されたりする水の特徴を表す水循環によって、河川（網）が形成される。凹凸のある流域の地形が水の流れを規定するとともに、水の流れは地形を変える力を持ち、逆に流域を規定しうるように、流域と水循環は相互に影響する。これらの相互関係の結果が河川（網）として顕在化している。流域と水循環という二つの見方の理解は、これまで述べてきた河川・水の学びの価値の源泉となっている。

| 第4節 | システム思考：河川・水の学びを通して習得できる有用な思考力 |

　本章第1節の「はじめに」において述べたように、比較的大きな河川は、勾配や川底の土砂の大きさといった特性や、周辺の地形により、上・中・下流部という部分に分けることが比較的容易である。また、これらの部分と、全体として見た河川の関係性も理解しやすい。この理解の過程においては、河川という一つの系（システム）を上流、中流、下流に分けた「部分（要素）」と、これらをつないだ「全体」とが関連付けられる。このため、流域や河川（網）という全体を一つの系（システム）と捉えて、部分（要素）の機能や関連性を理解するとともに、部分が全体を構成する様を理解するという思考力の育成が可能である。

　システムとして見た河川は、上流、中流、下流というような区分以外にも支川が本川に合流して海に至るという河川網として見ることができる。また、河川の水が運搬する土砂に着目することで水と土砂との関係、流域の特性により河川の水質が異なるというように、多様な部分（要素）に分けてみることが可能である。このため、学習の習熟度に応じて自在に部分（要素）に分けて、河川の理解を進めることが可能である。

　このような河川・水の学びを通して、**ものごとの全体を一つの系（システム）と捉えて、部分（要素）の機能や関連性を理解するとともに、部分が全体を構成する様を把握しつつ全体を理解するというシステム思考とも言うべき、思考力等の育成が可能になると考えられる。**

　現代社会は、複雑なシステムの集合として成り立っている。また、人の体に着目しても、数十兆の細胞から形成され、種々の器官がそれぞれ機能を果たしつつ、生命活動が営まれているシステムだと捉えることができる。これからの社会を生きる子どもにとって、複雑なシステムを的確に捉えて理解する術を身に付けることが重要であることは衆目の一致するところであろう。

　果たして、このような複雑なシステムの全体を、一度に理解するのは不可能と言っても良い。**複雑なシステムを理解するためには、複雑なシステム全体を、それを構成する要素（部分）について個別に理解するとともに、システム全体を、要素（部分）**

間の相互作用や階層的な関係の構造の総体として捉えることが有効と考えられる。

このような物事の捉え方や全体理解の仕方が、システム思考である。システム思考により物事を捉えられるようになると、別の複雑な課題に新たに直面しても、システム思考を用いた、課題の部分への分解と理解、さらには部分の理解を全体の理解へと統合することを経て、その課題の理解を進められるようになることが期待できる。

第1章においてこれまで述べてきたように、水の流れや河川を対象とする河川・水の学びは、既習の知識を関連付けながら、河川や流域という全体システムの理解を進めることで、このようなシステム思考を直感的かつわかりやすく身に付けることを可能とするものである。物事をシステムとして捉えて理解する考え方（システム思考）を無理なく身に付けることができるということは、河川・水の学びの、極めて重要な教育への貢献である。

第5節　まとめ

以上述べてきたように、河川・水の学びの教育的効果は、多様なものがあり、学習指導要領が目指している資質・能力を高めるものであるとともに、教科や総合的な学習の時間の学習のテーマとしても優れた題材である。

以降の章では、総合的な学習の時間および各教科等において、河川・水の学びがもつ価値や、河川・水の学びの活用方法について具体的に検討する。

第2章
総合的な学習の時間 編

第1節　総合的な学習の時間に貢献する河川・水の学びの価値の概観

第2節　目標を実現するにふさわしい探究課題への貢献

第3節　総合的な学習の時間の教材（学習材）としての貢献

第2章では、総合的な学習の時間での学習における河川・水の学びの価値について整理を行う。河川・水の学びを導入することで、各学校において定める目標を実現するにふさわしい様々な探究課題を設定したり、適切な教材（学習材）として豊富に活用することができることなどから、総合的な学習の時間が目標とする資質・能力の育成に大きく貢献することが期待できることを示す。

（総合的な学習の時間に貢献する河川・水の学びの価値の概観）

　第1節では、総合的な学習の時間の目標に照らして、河川・水の学びの特徴を読み解くことでその価値を示すことを試みた。河川・水の学びを取り入れる（流域と水循環という見方や捉え方が重要な役割を果たす）ことにより、実感を伴った教科等横断的な学習が無理なく可能、どの学校でも主体的、対話的で深い学びの体験が実現可能（実体験を踏まえた自らの表現力の育成などに貢献）、河川や流域という身近な具体例を対象に人間社会と河川・水との関わりを多様な視点から議論することが可能となることなどから、総合的な学習の時間の目標の実現への貢献が期待できることを示した。また、教科のそれぞれの単元の適切な教材として多様な事例を取り上げることが可能なことから、川を題材として教科等で学習した見方・考え方を働かせ、共有する資質・能力を育成し、学校としての教科を越えた共通のねらいを明確にして学校の教育目標の実現に貢献することや社会の中で生きて働く汎用的に活用できる概念形成への貢献に期待できることを示した。

（目標を実現するにふさわしい探究課題への貢献）

　第2節では、各学校が目標を実現するにふさわしい探究課題の設定に対して河川・水の学びがどのように貢献しうるのかについてとりまとめた。学習指導要領解説（総合的な学習の時間編）では大きく三つの探究課題が例示されているが、これらに対して河川・水に関わる課題をとりあげることで、身近な課題、生活や社会とつながりのある課題を設定することができることを示した。さらに、河川・水は様々な自然の事物・事象や社会的事象に関わっていることから、河川・水に関わる大くくりな探究課題のテーマを分類して示すことは、学校や地域の特色に応じたきめ細かな探究課題の設定を支援することにも貢献できるものと考えられ、①環境、②防災、③持続可能な社会（資源・エネルギー）、④地域・郷土の四つの課題テーマで捉えることについて、その有効性を示した。

（総合的な学習の時間の教材（学習材）としての貢献）

　第3節では、河川・水が総合的な学習の時間での教材（学習材）としてどのように貢献しうるのかについてとりまとめた。学習指導要領解説（総合的な学習の時間編）では、適切な教材（学習材）として、1）児童生徒の身近にあり、観察したり調査したりするなど、直接体験をしたり繰り返し働きかけたりすることのできる具体的な教材であること、2）児童生徒の学習活動が豊かに広がり、発展していく教材であること、3）実社会や実生活について多面的・多角的に考えることができる教材であることの三つの特徴を求めている。河川・水は、身近で直接体験できる具体的な学びの場であり、自然事象、社会事象への多様な広がりや現代社会の課題への発展、実社会や実生活についての多面的・多角的な考察の実現などに貢献できること及び各教科等の学びの成果を幅広く生かせるとともにシステム思考を働かせて探究課題の解決に取り組むことができることから、総合的な学習の時間における優れた教材（学習材）であることを示した。

　以上から、河川・水の学びは、総合的な学習の時間の目標の実現に大きく貢献するとともに、防災や環境などの現代的諸課題に対処するための探究課題、地域や学校の特色に応じた探究課題などとして活用することが可能であり、よりよく課題を解決し、自己の生き方を考えていくための資質・能力の育成に貢献することができると考えられる。

第2章　総合的な学習の時間 編

第1節　総合的な学習の時間に貢献する河川・水の学びの価値の概観

　本節においては、総合的な学習の時間における学習材としてみた場合の、河川・水の学びの価値の概観を整理する。整理の方法としては、「小学校学習指導要領（平成29年告示）解説　総合的な学習の時間編」における記述に照らして、河川・水の学びの特徴を読み解くことで、その価値を示すこととする。

1.1　総合的な学習の時間の目標との関係

　小学校学習指導要領（平成29年告示）解説、総合的な学習の時間編（以下、学習指導要領解説（総合的な学習の時間編）という）の5ページに、「総合的な学習の時間は、学校が地域や学校、児童生徒の実態等に応じて、教科等の枠を超えた横断的・総合的な学習とすることと同時に、探究的な学習や協働的な学習とすることが重要であるとしてきた。特に、探究的な学習を実現するため、「①課題の設定→②情報の収集→③整理・分析→④まとめ・表現」の探究のプロセスを明示し、学習活動を発展的に繰り返していくことを重視してきた。」との記載がある。

　さらに8ページには、第1の目標として、「探究的な見方・考え方を働かせ、横断的・総合的な学習を行うことを通して、よりよく課題を解決し、自己の生き方を考えていくための資質・能力を次のとおり育成することを目指す。」と記載されており、総合的な学習の時間においては、探究的な見方・考え方を育むことが重要と考えられる。その際には、以下の二つの点に留意する必要がある。（筆者による要約）

・各教科等における見方・考え方を総合的に働かせること。

・総合的な学習の時間に固有な見方・考え方（特定の教科等の視点だけでは捉えきれない広範な事象を、多様な角度から俯瞰して捉える。課題の探究を通して自己の生き方を問い続けるという物事を捉える視点や考え方）を働かせること。

　つぎに、総合的な学習の時間を通して育成することを目指す資質・能力として、

(1)　探究的な学習の過程において、課題の解決に必要な知識及び技能を身に付け、課

19

題に関わる概念を形成し、探究的な学習のよさを理解するようにする。

(2)　実社会や実生活の中から問いを見いだし、自分で課題を立て、情報を集め、整理・分析して、まとめ・表現することができるようにする。

(3)　探究的な学習に主体的・協働的に取り組むとともに、互いのよさを生かしながら、積極的に社会に参画しようとする態度を養う。

の３点が示されており、総則編に示されたものと同様に、「知識及び技能」、「思考力、判断力、表現力等」、「学びに向かう人間性等」としてまとめられている。

　以上に整理した様に、総合的な学習の時間においては、各教科等における見方・考え方を横断的・総合的に働かせると共に、総合的な学習の時間に固有な見方・考え方を働かせて、探究的学習を行うことで、①課題の解決に必要な知識及び技能の習得、②自分で課題を立て情報を集め整理・分析してまとめ・表現する能力の習得、③主体的・協働的に取り組むとともに互いのよさを生かしながら積極的に社会に参画しようとする態度の涵養、の三つの資質・能力の育成を目指している。この総合的な学習の時間のねらいに照らして、以下において、河川・水の学びの価値を見ることにする。

（1）課題の解決に必要な知識及び技能の習得

　総合的な学習の時間において、課題の解決に必要な知識及び技能の習得に際して、留意すべき点として学習指導要領解説（総合的な学習の時間編）においては、以下のことが挙げられている。(筆者による要約)

・教科等の枠組みを超えて長時間じっくり課題に取り組む中で、様々な事柄を知り、様々な人々の考えに出会う。その中で、具体的・個別的な事実だけでなく、それらが複雑に絡み合っている状況についても理解するようになる。

・探究の過程を通して、自分自身で取捨・選択し、整理し、既に持っている知識や体験と結び付けながら、構造化し、身に付けていく。

・実社会・実生活における様々な課題の解決に活用可能な生きて働く知識、すなわち概念が形成される。

・様々な場面で児童自らが探究的に学習を進めるようになることが、(探究的な学習の)よさを理解した証となる。

・他教科等と総合的な学習の時間との資質・能力の関連を、児童自身が見通せるよう

にする必要がある。

　これらの点を踏まえて、河川・水の学びを見ると、まず、河川・水に関する知識や技能は、すでにある程度は、各教科の中で教えられており、他教科との関係が見えやすいことから、実感を伴った教科等横断的な学習が可能であり、各教科における見方・考え方を総合的に働かせて、探究的な学習につなげることが容易かつ効果的であるということが特徴として挙げられる。

　さらに、流域や水の流れの理解という探究の過程を通して、状況に応じた防災行動をとることにつながることが期待できるように、真に身を守る防災行動という、知識に裏付けられた技能を身に付けることも可能である。

実感を伴った教科等横断的な学習が無理なく可能

　第1章の2.2（2）で述べた通り、流域や水循環という見方や、河川という一つの系に関する知識は、理科で学ぶ個別の自然現象に関する学習を補強するだけでなく、社会科で学ぶ地域社会の地理や歴史と相互に関連付けることにより、水害が起こる原因の理解にもつながる。さらに、単に水害の歴史を知識として習得することにとどまらず、教科等横断的な視点の学習として、自然現象としての洪水と社会現象としての水害を区別したうえで合わせて理解することで、将来起こりうる未知の災害に対して能動的に対処しうる思考力、判断力、表現力等を身に付けることができる。このように、河川や水について学ぶことを通して、既習の知識を使って身近な自然現象の機構を理解できる上に、さらに自然と社会との関わりについての理解も、実感を伴って学ぶことができる。

　流域の中で、河川がどのように流れるのかについては、水は高い場所から低い場所へと流れることとして、既習である。この知識から、河川は、流域の低い場所を選んで流れていることが理解できる。上流域で集められてきた水の量（流量）が豪雨等により増加する現象が洪水であり、洪水が激化すると、洪水を河川内で流しきれなくなる箇所が発生する。これが氾濫である。氾濫が生じると、普段種々の利用がされている土地が冠水する。冠水により社会的被害が生じることで水害となる。自然現象としての洪水と氾濫の機構を理解したうえで流域の土地利用を見ると、河川のそばの低地

は水田など耕作に利用されているところが多いことや、日本の大都市は沖積平野に広がるため洪水に対して脆弱なことが理解できる。このように既習の知識を関連付けることで、氾濫が人の住む場所で起こると水害となることが実感を伴って理解されていく。5年生の理科（天気の変化、流れる水の働きと土地の変化）において地域の河川に関する水害の歴史を1時間学ぶだけで学習の有用感が増し、汎用能力を育成することが報告されている。水害発生の機構を学習することは、教科等横断的な学習そのものであり、河川・水の学びは、この水害の理解例に示されるように、その発生原因を踏まえた複合的な理解に基づく教科等横断的な学習を、実感を伴いながら、直感的かつ簡易に実施することを可能とする。さらに、このようにして得られた知識は、実生活において真に身を守る防災行動という技能取得にもつながるものである。

（2）自分で課題を立て情報を集め整理・分析してまとめ・表現する能力の習得

　総合的な学習の時間における学びを通して得られた知識及び技能は、これらを自由に駆使できるように指導を工夫する必要があること、また、実社会や実生活の課題について探究のプロセス（①課題の設定→②情報の収集→③整理・分析→④まとめ・表現）を通して、児童生徒が実際に考え、判断し、表現することを通して身に付けていくことが大切であること、すなわち、自分で課題を立てたうえで、情報を整理し・分析し、まとめ・表現するという一連の学びを行うべきであることが、学習指導要領解説（総合的な学習の時間編）に示されている。

　この様な視点に照らして、河川・水の学びを見ると、河川・水は、身近であり、かつ、多様な視点から見ることのできる存在であるため、自分で課題を立てやすい学習材であるといえる。情報の収集については、実物を観察することで得ることができるという利点も有している。また、まとめや表現においても、児童の理解に応じて実施することが可能である。

　さらに、情報収集については、都道府県史や市区町村史、地域の歴史家が編纂した資料や行政機関等のホームページの情報が地域の図書館等で閲覧可能である。

どの学校でも主体的、対話的な深い学びの体験が実現可能

　第1章の2.3（1）で述べた通り、全国どこにでもあり、地域性が強く多様であ

第2章　総合的な学習の時間 編

るとともに、普遍性も併せ持つ河川は、体験や諸感覚を通しての学びをすべての学校において提供できる。

　身近に存在する河川から学ぶことで、各教科等で得た知識（学んだこと）の確認ができると同時に、知らないことやわからないことを実感できる。すなわち、各教科等において通常行われている学習活動（言語活動、観察・実験、問題解決的な学習など）の質を向上させることが可能となる。河川・水を学習対象とすることで、深い学びの鍵としての「見方・考え方」を自在に働かせることが可能となる。

　近所の河川、小川や池、雨が降った後の校庭の水たまり等を対象に、どの学校でも屋外に出掛けて地域の自然に親しむ活動や体験的な活動が可能である。河川は、活動のフィールドとして多面的かつ身体的・感覚的な関わりの機会を提供可能である。例えば、河川の流れや河原の石の様子等を実際の河川で観察することにより、各教科等で得た知識で理解できることが確認できるとともに、既習の知識では理解できないことが多く存在する（例えば、河川の流れは結構複雑であること、河原のない河川もあれば、石だけでなく砂や泥もあることなど）ことも実感できる。このような主体的・対話的な学びを実感を伴って体験し、河川・水に対する興味を覚えることで、実体験を踏まえた自らの言葉で表現ができるようになるとともに、好奇心が刺激され、より深い学びにつながることが期待できる。

（3）主体的・協働的に取り組むとともに、互いのよさを生かしながら、積極的に社会に参画しようとする態度の涵養

　上述のように、総合的な学習の時間を通して育成を目指す三つ目の資質・能力として、探究的な学習に主体的・協働的に取り組むとともに、互いのよさを生かしながら、積極的に社会に参画しようとする態度を養うということが、学習指導要領解説（総合的な学習の時間編）に示されている。

　このような態度を養う過程においての留意点として、以下が挙げられている。（筆者による要約）

　・課題解決において、主体的に取り組むこと、協働的に取り組むことが重要である。
　・他者と協働的に取り組み、異なる意見を生かして新たな知を創造しようとする態度が必須である。この中で、互いの資質・能力を認め合い、相互に生かし合う関

係が期待される。

・自ら社会に関わり参画しようとする意志、社会を創造する主体としての自覚が育成されることが期待される。

　河川・水は、多様な切り口で事象を見ることが可能な対象であるため、すべての児童が自らの考えを述べやすく、多様な視点からの議論をもつことが可能であることから、協働的な探究の対象として優れている。河川・水の学びにおいては、川に暮らす生き物について考える機会を得ることができたり、流域において人間社会が河川・水とどのように向き合ってきたのかについて考える機会を得たりすることが可能であり、これらのような学びの過程においては、知識だけでは解決できない課題に自然に触れることが可能である。河川・水の学びを通して、豊かな人間性を涵養することが期待できる。

　第１章２.３（３）で述べた通り、社会と水の関係を知ることで、二者択一で済まない問題状況のもとで、開かれた問題解決に向けた学習を自らの視点で実行することができる。このような学習においては、その過程において、地域への貢献の方法に関する議論、情報整理や学習過程における児童・生徒間での協働も学習要素となり、主体的に学習する態度も含めた学びに向かう力やよりよい生活や人間関係を自主的に形成する態度などの涵養につながるとともに、多様性を尊重する態度や互いの良さを活かして協働する力、持続可能な社会づくりに向けた態度、リーダーシップやチームワーク、感性、優しさや思いやりなど人間性に関するものの涵養にもつながる。

　河川や流域が身近に存在することで、具体例を対象にして、水害への対処を通した地域社会の歴史や変遷、農地や住宅地の分布といった土地利用特性と河川や水とのつながりを実感として理解できる。さらには、かんがい、発電、上工水の利用における社会的合意形成や、水害における上下流や左右岸地域間の対立の歴史的経緯や実態を知ることで、公平な水利用を目指す社会的協調や、洪水に対する上下流や左右岸間の対立の存在がなぜ生じたかについても理解できる。このような学習を通して、児童・生徒は社会的課題を如何に解決すべきか、個人として地域にどのように貢献すべきか、どのような協働が可能なのかといった社会参画について、自分事として考え、取り組

んでいくようになる。このような学習は、知識だけでは解決できない課題をどのように解決するかについて、考えるものであり、自分の思考や行動を客観的に把握し認識する、いわゆる「メタ認知」に関わる力を育成することにもつながり、ひいては豊かな人間性を基盤として、社会的課題について考えるきっかけを提供しうる。

また、このような課題は、グループでの議論の対象としてふさわしいものであり、グループでの議論を通して、持続可能な社会づくりに向けた態度、リーダーシップやチームワーク、感性、優しさや思いやりなど人間性に関するものの涵養を可能とするものである。

1.2　各学校において定める目標及び内容との関係

　学習指導要領解説（総合的な学習の時間編）の第3章において、各学校において定める目標及び内容が記述されている。この章においては、各学校において定める目標及び内容の取扱いとして、目標及び内容の設定にあたり、以下の七つの事項に配慮するものとしている。(筆者による要約)

(1)　各学校において定める目標については、各学校における教育目標を踏まえ、総合的な学習の時間を通して育成を目指す資質・能力を示すこと。

(2)　各学校において定める目標及び内容については、他教科等の目標及び内容との違いに留意しつつ、他教科等で育成を目指す資質・能力との関連を重視すること。

(3)　各学校において定める目標及び内容については、日常生活や社会との関わりを重視すること。

(4)　各学校において定める内容については、目標を実現するにふさわしい探究課題、探究課題の解決を通して育成を目指す具体的な資質・能力を示すこと。

(5)　目標を実現するにふさわしい探究課題については、学校の実態に応じて、例えば、国際理解、情報、環境、福祉・健康などの現代的な諸課題に対応する横断的・総合的な課題、地域の人々の暮らし、伝統と文化など地域や学校の特色に応じた課題、児童生徒の興味・関心に基づく課題などを踏まえて設定すること。

(6)　探究課題の解決を通して育成を目指す具体的な資質・能力については、次の事項に配慮すること。

ア　知識及び技能については、他教科等及び総合的な学習の時間で習得する知識及び技能が相互に関連付けられ、社会の中で生きて働くものとして形成されるようにすること。

イ　思考力、判断力、表現力等については、課題の設定、情報の収集、整理・分析、まとめ・表現などの探究的な学習の過程において発揮され、未知の状況において活用できるものとして身に付けられるようにすること。

ウ　学びに向かう力、人間性等については、自分自身に関すること及び他者や社会との関わりに関することの両方の視点を踏まえること。

(7)　目標を実現するにふさわしい探究課題及び探究課題の解決を通して育成を目指す具体的な資質・能力については、教科等を越えた全ての学習の基盤となる資質・能力が育まれ、活用されるものとなるよう配慮すること。

　前章で記したように、「教科等横断的な学習が無理なく可能」、「簡易に既習の知識を教科等横断的に関連付けて技能として習得することが可能」、「どの学校でも主体的、対話的な深い学びの体験が実現可能」、「メタ認知に関わる力を育成することが可能」といった河川・水の学びの特徴は、上記の(1)〜(4)、(6)、(7)の各事項に合致している。特に、河川・水は、日常生活や社会と様々な場面で密接な関わりを有しており（(3)に貢献）、教科のそれぞれの単元の適切な教材として、多様な事例を取り上げることが可能（教科の年間計画や日常の授業に位置付けることが容易）である（(2)に貢献）。このことから、河川を題材として教科等で学習した見方・考え方を働かせ、共有する資質・能力を育成することができるとともに、学校としての教科を越えた共通のねらいが明確になり、学校の教育目標の実現に貢献することが期待される。さらに、学習指導要領解説（総合的な学習の時間編）では、「各教科等においても、「主体的・対話的で深い学び」を通して、事実的な知識から概念を獲得することを目指すものである。総合的な学習の時間では、各教科等で習得した概念を実生活の課題解決に活用することを通して、それらが統合され、より一般化されることにより、汎用的に活用できる概念を形成することができる。」と記載されている。これまで述べてきたとおり河川・水の学びにおいては、実感を伴った教科等横断的な学習が無理なく可能で、どの学校でも主体的、対話的な深い学びの体験が実現可能であることから、各教科等の学習と

総合的な学習の時間を相互に関連付け、社会の中で生きて働く、汎用的に活用できる概念の形成に貢献することも期待される（（6）に貢献）。

また、(5)に示された事項に対しては、以下に示すように、知識の生かし方、ものの見方を訓練することで主体的かつ深い学びにつながるという河川・水の学びの優れた特質が貢献すると考えられる。

現代的諸課題に対応するための資質・能力を涵養

「全体と部分、要素間の関連付けを通した思考力等の育成が可能」、「主体的、対話的な深い学びの体験が実現可能」、「実感を伴った教科等横断的な学習が無理なく可能」といった河川・水教育の教育的効果を通して、社会や生活の中で直面するような未知の状況の中でも、その状況と自分との関わりを見つめて具体的に何をすべきかを整理したり、その過程で既得の知識や技能をどのように活用し、必要となる新しい知識や技能をどのように得ればよいのかを考えたりする力の習得（主体的かつ深い学び）につながる。この能力は、現代的な諸課題に対応していくためにも活用しうるものである。

水害についての理解が進めば、自分たちが住んでいる場所の水害リスクや、どんな場所や状況において水害リスクが高くなるのかについて知るために必要な情報や情報の使い方も習得できる。すなわち、浸水想定区域図と、地形を示す地図を比較することで、川の水が氾濫した後、土地の高低に対応して、どのように氾濫水が流れるのかを推定することが可能となる。また、さらに土地利用が描かれた地図と比較すれば、このような氾濫が生じた際に、社会現象としての水害の状況がどのようなものになるか想像する思考力も習得できるだろう。そうすれば、避難を含めて市民としてどのように対処すべきかという判断力や、他者と連携して対応するための表現力も育成されるだろう。このように教科等横断的な知識を活用しながら、河川・水の学びを通して得られる複雑な現象の理解は、実感を通した深い理解であり、真の防災教育につながる効果があるのみでなく、結果として主体的かつ深い学びをもたらし、ひいては現代的諸課題に対応していくための資質・能力を涵養することができる。

現代社会は、複雑なシステムの集合として成り立っている。また、人の体に着目しても、数十兆の細胞から形成され、種々の器官がそれぞれ機能を果たしつつ、生命活動が営まれているシステムだと捉えることができる。これからの社会を生きる子ども

にとって、複雑なシステムを的確に捉えて理解する術を身に付けることが重要であることは衆目の一致するところであろう。

第1章の第4節で示した様に、河川・水の学びを通してシステム思考が習得されることで、複雑なシステム全体を要素（部分）間の相互作用や階層的な関係の構造の総体として捉えることができるようになる。システム思考により物事を捉えられるようになると、別の複雑な課題に新たに直面しても、システム思考を用いて、課題全体を部分へと分解して理解するとともに、部分の理解を全体の理解へと統合することを経て、その課題の理解を進められるようになることが期待できる。このような思考力を身に付けることで、現代的諸課題に対応する資質・能力が習得される。

さらに学習指導要領解説（総合的な学習の時間編）には、「児童生徒が自ら設定した課題などを、自分と切り離して見たり扱ったりするのではなく、自分や自分の生活との関わりの中で捉え、考えることになる。また、人や社会、自然を、別々の存在として認識するのではなく、それぞれがつながり合い関係し合うものとして捉え、認識しようとすることにもつながる。総合的な学習の時間では、それぞれの児童生徒が具体的で関係的な認識を、自ら構築していくことを期待している。このように、日常生活や社会との関わりを重視した探究的な学習を行うことに、総合的な学習の時間のもつ重要性がある。」とも示されている。これまで記してきた通り、河川・水の学びは、日常生活や社会との関わりを重視した探究的な学習の機会を提供する。

以上の様に、各学校において定める目標及び内容の設定にあたり配慮すべきとされた事項の要求にも、河川・水の学びは合致していると言える。

1.3 探究課題としての河川・水の学び

探究課題の例として、横断的・総合的な課題（現代的な諸課題）、地域や学校の特色に応じた課題、児童の興味・関心に基づく課題の三つが参考として示されている。三つの課題のどの分野を選択するにしても、これまで述べてきた河川・水の学びを活用した探究課題の設定が可能である。探究課題としての河川・水の学びについては、

28

第2節において詳述する。

1.4　学習材としての河川・水の学び

　学習指導要領解説（総合的な学習の時間編）において、児童の主体性の重視、適切な指導の在り方に加えて、身近にある具体的な教材、発展的な展開が期待される教材（学習材）を用意することが、学習指導の基本的な考え方として示されている。学習指導要領解説（総合的な学習の時間編）では、総合的な学習の時間の教材が有することが求められる特徴として、以下のように記されている。

　「一つには、児童生徒の身近にあり、観察したり調査したりするなど、直接体験をしたり繰り返し働きかけたりすることのできる具体的な教材であることである。総合的な学習の時間は、探究的な学習の過程に体験活動を適切に位置付けることが重要であり、そうした中で行われる全身を使った対象の把握と情報の収集が欠かせない。総合的な学習の時間においては、間接的な体験による二次情報も必要ではあるが、より優先すべきは、実物に触れたり、実際に行ったりするなどの直接体験であることは言うまでもない。

　二つには、児童生徒の学習活動が豊かに広がり、発展していく教材であることである。児童は、実社会や実生活とのつながりのある具体的な活動や体験を行うことによって意欲的で前向きな姿勢となる。そのため、一つの対象から、次々と学習活動が展開し、自然事象や社会事象へと多様に広がり、学習の深まりが生まれることが大切である。また、生活の中にある教材であっても、そこから広い世界が見えてくるなど、身近な事象から現代社会の課題等に発展していくことが期待される。

　このように、総合的な学習の時間における教材は、実際の生活の中にある問題や事象を取り上げることが効果的である。例えば、食生活の問題を取り上げたとしても、そこから自然環境の問題や労働問題、食料自給率の問題などが見えてくる。身近にある具体的な教材、発展的な展開が期待される教材であることが望まれる。

　三つには、実社会や実生活について多面的・多角的に考えることができる教材であることである。身近な事象や現代社会の課題等には、様々な捉え方や考え方ができるものがあり、それらについて特定の立場や見方に偏った取扱いがされているような教材は適切ではない。」

これまで述べてきた河川・水の学びの特徴を振り返ると、総合的な学習の時間の教材が有することが求められる上記の三つの特徴をすべて満たしていることがわかる。学習材としての河川・水の学びについては、**第3節**で詳述する。

1.5　まとめ

学習指導要領解説（総合的な学習の時間編）における記述に照らして、河川・水の学びの特徴を読み解くことで、その価値を示すことを試みた。

総合的な学習の時間において河川・水の学びを課題として取り上げることで、①課題の解決に必要な知識及び技能の習得、②自分で課題を立て情報を集め整理・分析してまとめ・表現する能力の習得、③主体的・協働的に取り組むとともに互いのよさを生かしながら積極的に社会に参画しようとする態度の涵養、の三つの資質・能力の育成が期待できる。

また、河川・水の学びは、防災や環境保全といった知識だけでは解決できない現代的諸課題に対処するための探究課題として活用することが可能であり、未知の課題に対しても合理的かつ積極的に対処する態度が身に付くと考えられる。

第2節　目標を実現するにふさわしい探究課題への貢献

第2　各学校において定める目標及び内容
　3　各学校において定める目標及び内容の取扱い
　(5)　目標を実現するにふさわしい探究課題については、学校の実態に応じて、例えば、国際理解、情報、環境、福祉・健康などの現代的な諸課題に対応する横断的・総合的な課題、地域の人々の暮らし、伝統と文化など地域や学校の特色に応じた課題、児童の興味・関心に基づく課題などを踏まえて設定すること。

（小学校学習指導要領解説（総合的な学習の時間編）より引用）

小学校学習指導要領解説（総合的な学習の時間編）においては、各学校の目標を実

現するにふさわしい探究課題の例として、1）現代的な諸課題に対応する横断的・総合的な課題、2）地域の人々の暮らし、伝統と文化など地域や学校の特色に応じた課題、3）児童の興味・関心に基づく課題の三つがあげられている。そして、学習指導要領解説（総合的な学習の時間編）においては、これら三つの課題について、例えば、現代的な諸課題に対応する横断的・総合的な課題では「身近な自然環境とそこに起きている環境問題（環境）」や「自分たちの消費生活と資源やエネルギーの問題（資源エネルギー）」が、地域や学校の特色に応じた課題では「防災のための安全な町づくりとその取組（防災）」が、児童の興味・関心に基づく課題では「生命現象の神秘や不思議さと、そのすばらしさ（生命）」などがあげられている。

　横断的・総合的な課題（現代的な諸課題）の例として挙げられている「身近な自然環境とそこに起きている環境問題（環境）」は、河川という自然環境を取り上げることが可能であるし、人間が利用する水としての上下水道に着目することでも、身近な環境を課題として設定できる。「自分たちの消費生活と資源やエネルギーの問題（資源エネルギー）」については、くらしや産業のための水資源の確保と有効利用という取り上げ方をすることで資源・エネルギー問題を生活実感のある課題として探究することができる。また、地域や学校の特色に応じた課題の例として挙げられている「防災のための安全な町づくりとその取組（防災）」では、我が国において遭遇する可能性が比較的高い水害という災害を対象とすることで、地域の防災について自分事として課題に取り組むことができる。また、児童の興味・関心に基づく課題の例として挙げられている「生命現象の神秘や不思議さと、そのすばらしさ（生命）」を探究課題とした場合でも、生物にとって最も重要な水との関わりに着目することで生命現象のしくみや不思議さを身近な川に棲む生物からより具体的に捉えることができる。このように学習指導要領解説（総合的な学習の時間編）に例示されている探究課題に対して河川・水に関わる課題を設定することで、身近な課題、生活や社会とのつながりのある課題を設定することが可能である。

　また、河川・水は様々な自然の事物・事象や社会的事象に関わっていることから、ここに例示されている探究課題に限らず、河川・水に関わる多くの探究課題の設定が可能である。このため、学習指導要領解説（総合的な学習の時間編）に示されている

三つの課題の観点（中学校の場合は四つ）から学校の実態に応じて課題を設定することに加え、河川・水に関わる大くくりな探究課題のテーマを分類して示すことにより、学校や地域の特色に応じたきめ細かな探究課題の設定を支援することも、各学校の目標を実現するにふさわしい探究課題の設定に貢献できるものと考える。このため、河川・水との関わりが深く、各学校の目標の実現に貢献できると考えられる探究課題について検討を行い、その結果、①環境、②防災、③持続可能な社会（資源エネルギー）、④地域・郷土の四つの課題を取り上げられることを以下に示す。

2.1　各学校の目標の実現に貢献可能な探究課題

（1）「環境」をテーマとした探究課題

学習指導要領解説（総合的な学習の時間編）において、現代的な諸課題に対応する横断的・総合的な課題の一つとして「環境」が取り上げられている。

河川は諸感覚を働かせて自然や水の流れに直接触れることができる身近な存在である。そこでは豊かな生態系のみならず、地域固有の生物や景観、四季や場所による変化などを感じることができる。そこに棲息している魚や水生生物等を観察したり調査したりすることにより、生命の不思議さや神秘、そのすばらしさを学ぶことができる。

一方、近年、マイクロプラスチックによる環境汚染が問題となっているように、人々の生活や社会活動による水質汚染、ゴミの流出など、深刻な環境問題が発生・拡大している地域も多い。そのような背景には、河川には人々の活動の結果であるゴミや生活排水、工場排水などが集まり、水は流れを伴うものであるが故に環境問題が特定の地域にとどまらず広範に影響が及んでしまう、という河川・水の特質が深く関わっている。

各学校において定める内容	
テーマ　【環境】	
探究課題の例	育成を目指す資質・能力
・川を通じた地域の自然の特徴と課題 ・水を使った便利な生活と自然環境の両立に向けた取組 ・自然環境と社会との望ましい関係	（知識及び技能）多面的な視点で探究活動を行い、地域の自然の特徴と課題を捉える （思考力、判断力、表現力等）課題設定、情報収集、整理・分析、まとめ・表現 （学びに向かう力、人間性等）人と環境とのよりよい関わり方を考え、実行しようとする

このようなことから、「環境」に関わって、例えば、「川を通じた地域の自然の特徴と課題」、「便利な生活と自然環境の両立に向けた取組」、「自然環境と社会との望ましい関係」などのような多様な探究課題を設定することにより、自分が地域の環境とどのように関わっていくべきかを探究的に学ぶ学習に大きく貢献することができる。

(2)「防災」をテーマとした探究課題

各学校において定める内容	
テーマ 【防災】	
探究課題の例	育成を目指す資質・能力
・自分の身近な地域に潜む災害リスク ・自分や家族の命を守る備えや安全な地域社会の形成への貢献 ・自分にできる自助、共助の取組	（知識及び技能）多面的な視点で探究活動を行い地域の水害の特徴と課題を捉える （思考力、判断力、表現力等）課題設定、情報収集、整理・分析、まとめ・表現 （学びに向かう力、人間性等）自助、共助、公助を踏まえた安全な社会づくりに参画しようとする

学習指導要領解説（総合的な学習の時間編）において、地域や学校の特色に応じた課題の一つとして「防災」が取り上げられている。防災は、地域や学校の特色に応じた課題ではあるが、現代的な諸課題の一つでもある。

ときに、河川は地域に水害をもたらす。水害が繰り返し発生してきた地域では、伝承碑などが残されているところもある。特に近年は、地球温暖化に伴う気候変動の影響により、水害の発生地域や頻度が増加したり、被害が甚大化したりしている。

また、河川に隣接する地域だけでなく、これまでに経験したことのない豪雨現象により都会においても雨水の排水が間に合わず浸水被害が発生するようになるなど、もはや水害はどこにおいても起こり得る身近な問題となっている。さらに、住んでいる地域の地形的な特徴を調べて、豪雨時に雨水がどのように集まり、浸水被害がどのように発生するのか学ぶことができる。

このようなことから、「防災」に関わって、例えば、「自分の身近な地域に潜む災害リスク」、「自分や家族の命を守る備えや安全な地域社会の形成への貢献」、「自分にできる自助、共助の取組」などのような多様な探究課題を設定して、自分が防災に関し

てどのようなことができるかを探究的に学ぶ学習に大きく貢献することができる。

(3)「持続可能な社会（資源エネルギー）」をテーマとした探究課題

各学校において定める内容	
テーマ 【持続可能な社会（資源エネルギー）】	
探究課題の例	育成を目指す資質・能力
・地域の環境や社会活動に果たしている川の水の役割と課題 ・社会を構成する様々な主体の価値や葛藤 ・SDGsなどの観点を踏まえた水を通じた持続可能な社会のあり方	（知識及び技能）多面的な視点で探究活動を行い地域の水利用の特徴と課題を捉える （思考力、判断力、表現力等）課題設定、情報収集、整理・分析、まとめ・表現 （学びに向かう力、人間性等）持続可能な社会の担い手として自分にできることを見つけようとする

　学習指導要領解説（総合的な学習の時間編）において、現代的な諸課題に対応する横断的・総合的な課題の一つとして「資源エネルギー」が取り上げられている。

　人や社会は、降雨により大地にもたらされ流域の働きにより河川に集められた水を利用して地域を発展させ、生活を豊かにしてきた。一方で、水資源は無尽蔵に存在するわけではないため、過剰な取水を行ってしまえば水量が減少して水質悪化を招き、多様な生態系に影響が及んでしまう。また、降雨は気象現象によりもたらされるため、降水量が少ない時期においては、限られた水をどのように分けあっていくべきかなどが問題となる。水を有限性のある資源として捉えると、持続可能という観点から、安定した生態系や気候の維持、生活や経済活動等における利活用の在り方などについて考える学習対象となる。

　また、地域の川の水がそこの暮らしや社会経済活動等にもたらしている恩恵を調べ、川や水とどのように関わっていけば、人や社会と水利用、水環境との共生が図れるのか学ぶことができる。

　このようなことから、「持続可能な社会」に関わって、例えば、「地域の環境や社会活動に果たしている川の水の役割と課題」、「社会を構成する様々な主体の価値や葛藤」、「SDGsなどの観点を踏まえた水を通じた持続可能な社会のあり方」などのような多様な探究課題を設定して、自分が持続可能な社会の担い手としてどのようなこと

第2章　総合的な学習の時間 編

ができるかを探究的に学ぶ学習に大きく貢献することができる。

（4）「地域・郷土」をテーマとした探究課題

　学習指導要領解説（総合的な学習の時間編）においては、探究課題の例として「地域や学校の特色に応じた課題」が取り上げられている。

各学校において定める内容	
テーマ　【地域・郷土】	
探究課題の例	育成を目指す資質・能力
・川を通じて見た地域（郷土）の特徴 ・川と産業、まちづくりの関わり〜人や組織の取組〜 ・地域の郷土芸能と河川との関わり	（知識及び技能）多面的な視点で探究活動を行い地域の様々な特徴などを知る （思考力、判断力、表現力等）課題設定、情報収集、整理・分析、まとめ・表現 （学びに向かう力、人間性等）地域をよりよくするために自分にできることを考えられる

　河川を地域の自然（地形や生態系など）の構成要素と捉えると、河川・水は地域の自然特性が反映された学習対象と考えることができる。また、河川を利用する地域の産業（農業、工業、観光業、水産業など）や、町や集落の形成などとの関わりで捉えると、河川は地域の社会特性を反映した学習対象と考えることもできる。また、繰り返す水害等に対応してきたことや、川から水を引き土地の開拓や産業振興を進めてきたこと、地域の特産品を開発したり、伝統芸能などを継承してきたりしたことなど先人の偉業や遺構が多く残されていることなどからは、地域固有の歴史を知る手がかりを得ることができる。

　このようなことから、「地域・郷土」に関わって、例えば、「川を通じて見た地域（郷土）のよさ」、「川と産業、まちづくりの関わり〜人や組織の取組〜」、「地域の郷土芸能と河川との関わり」などのような多様な探究課題を設定して、自分が地域・郷土とどのように関わっていくべきかを探究的に学ぶ学習に大きく貢献することができる。

　以上のことから、①環境、②防災、③持続可能な社会（資源エネルギー）、④地域・郷土の四つをテーマとした探究課題は、河川・水との関わりが深く、学校や地域の特

色を踏まえた多様な探究課題を設定していくことが可能であり、各学校の目標の実現に貢献することができる。

2.2 探究課題の解決を通して育成を目指す具体的な資質・能力

　ここでは、河川・水との関わりが深く、各学校の目標の実現に貢献可能な①環境、②防災、③持続可能な社会（資源エネルギー）、④地域・郷土の四つのテーマを踏まえて実践される探究課題の解決を通して、どのような資質・能力を育成できるかを明らかにしていく。

　学習指導要領解説（総合的な学習の時間編）では、探究課題の解決を通して育成を目指す具体的な資質・能力については、次の事項に配慮することとされている。

ア　知識及び技能については、他教科等及び総合的な学習の時間で習得する知識及び技能が相互に関連付けられ、社会の中で生きて働くものとして形成されるようにすること。

イ　思考力、判断力、表現力等については、課題の設定、情報の収集、整理・分析、まとめ・表現などの探究的な学習の過程において発揮され、未知の状況において活用できるものとして身に付けられるようにすること。

ウ　学びに向かう力、人間性等については、自分自身に関すること及び他者や社会との関わりに関することの両方の視点を踏まえること。

（学習指導要領解説（総合的な学習の時間編）より引用）

　そこで、上記四つのテーマに基づいて設定される探究課題において、育成を目指す資質・能力をどのように設定することが可能かを分析した。

第2章　総合的な学習の時間 編

■ テーマ「防災」に関して設定する資質・能力の例

各学校において定める内容	
テーマ【防災】	
探究課題の例	育成を目指す資質・能力
水害から自分や地域の人たちの命を守るための取り組み	ア．知識及び技能 ・自分たちが住んでいる地域の水害の危険性を理解することができる ・全国や地域の水害の事例や水害の危険性を文献・資料等で調べることができる イ．思考力、判断力、表現力等 ・自らが着目した課題を踏まえて、情報収集、整理・分析等を適切に進め、地域の特徴を把握し、表現することができる ・自分や地域の人たちの命を守るための適切な判断と行動を選択することができる ウ．学びに向かう力、人間性等 ・自ら進んで災害に対し安全・安心な社会づくりに主体的に参画することができる

　ここでは、探究課題「水害から自分や地域の人たちの命を守るための取り組み」として、水害に関わる自分たちの地域の災害リスク（水害が発生するしくみや想定される災害を含む）を知り、自分や地域の人たちの命を守り、お互いに協力して安全な社会を形成していくためにどのようなことに取り組むべきかを考えられるようにすることをねらいとした。

ア．知識及び技能

　　知識については、水害とはどういうものか、どういうときに水害が起こるのか、どういうところが危険性が高いのか、水害から自分の身を守るためにはどのような方法があるのかなど、水害に関わる自分たちの地域の災害リスクを理解できること。

　　技能については、自分たちの地域や川の様子を現地で観察したり、全国や地域の水害の事例や水害の危険性を文献・資料等で調べたり、地域の機関で働く人や専門家、地域の人たちなどから水害に関わる話を聞くなどにより、水害に関わる課題を捉えるための材料を収集し、理科や社会科での学習と結び付けて、自分たちの地域の実態に当てはめて災害の危険性を捉えることができるようになること。

このように習得された知識及び技能により、自分たちの地域で起こるであろう災害の危険性を具体的に捉えることができるようになり、探究的に学ぶことの成果であることに気付いていくことが期待できる。

イ．思考力、判断力、表現力等

1）「課題の設定」においては、自分たちの命を守るために取るべき行動を明らかにしていくという大きな課題を踏まえ、河川からの氾濫による災害、集中豪雨に対して排水が追いつかないことにより生じる災害など発生形態に着目したり、平時〜出水時〜氾濫が生じている時など災害事象の段階に着目したり、自助・共助・公助という観点に着目したりして、地域で起こる可能性のある、あるいは地域にとって重要な災害を想像しながら課題を設定することができる。

2）「情報の収集」においては、課題解決に必要な情報、例えば、災害事例、地域の地形や河川の特性、水害の危険性、水害から地域を守るために行われていることなどを適切な手段を選択して多様に収集し、種類に合わせて蓄積していくことができる。

3）「整理・分析」については、自分たちが住んでいる地域の水害の危険性を理解して、自分や地域の人たちの命を守るための適切な判断と行動を選択していくためにはどのようなことについて整理・分析していく必要があるのかを具体的に考えることができる。

4）「まとめ・表現」については、地域の水害の危険性について把握し、それを踏まえて自分の命を守るためにとるべき行動について考えたことをまとめるとともに、地域の特徴も踏まえて表現することができる。

以上のように、自分で課題を立て、情報を集め、整理・分析して、まとめ・表現するという探究的な学習の過程で、思考力、判断力、表現力等の育成が期待できる。

ウ．学びに向かう力、人間性等

学びに向かう力、人間性等については、「主体性・協働性」の観点からは、状況を踏まえ適切に判断、選択し、自分の命を確実に守るために必要なことを主体的に学ぼうとすることや身近な地域の課題についても広く目を向けて、他者と協働して進んで取り組もうとすること。「自己理解・他者理解」の観点からは、探

究活動を通じて自分の考えを明確にするとともに、他人の意見も理解して、学び合おうとすること。「将来展望・社会参画」の観点からは、災害に対し安全・安心な社会としていくために、地域にとって必要なことと自分にできることを考えて、実践に移そうとすること。

　以上のように、社会への参画も見据えて主体的に実践していくことができる態度の涵養を期待することができる。

　上述したテーマ「防災」に関して設定する資質・能力の例と同様に、環境、持続可能な社会（資源エネルギー）、地域・郷土について活用することができる。いずれも設定した探究課題の解決にあたり育成を目指す資質・能力を具体的に示すものであることから、河川・水の学びは、総合的な学習の時間において各学校が定める内容、すなわち、「探究課題」と「育成を目指す具体的な資質・能力」の設定に大きく貢献できるものと考えられる。

　なお、児童生徒が探究課題に取り組む過程においては、それぞれの興味・関心に基づいて更なる課題等を設定することが考えられる。

　例えば「知識及び技能」においては、地域の水害の歴史、防災対策の限界、防災・減災に関わる人々、自然環境は様々な要因で変化し一定ではないこと、災害時の自助・共助・公助の概念、対策は一つではなく無数にあることなどに関わる知識、技能を取得し、水害に関わる自分たちの地域の災害リスクの理解を深めることが考えられる。

　「思考力、表現力、判断力等」においては、さらに、降雨や流域面積などの情報、地形や地質、土地利用状況などの情報、浸水想定区域図などの情報、行政が発信する水害に関する情報、堤防等のインフラ整備状況などに関する情報等、収集する情報の範囲を広げ、ピクトグラム・看板等などわかりやすく伝えるための表現方法を考えていくことが考えられる。

　「学びに向かう力、人間性等」においては、災害時に様々な人々が関わっていること、災害を未然に防ぐために日ごろや過去から様々な人々が備えを行っていること、避難所内外等で助け合いが行われていること、災害に強いまちづくりが進められていることなどを踏まえて自分なりの行動や社会参画を考えていくことが考えられる。

第3節　総合的な学習の時間の教材（学習材）としての貢献

　学習指導要領解説（総合的な学習の時間編）では、総合的な学習の時間において、「充実した学習活動を展開し、学習を深め、児童生徒が探究課題の解決を通して育成を目指す具体的な資質・能力を身に付けていくためには、適切な教材（学習材）が用意されていることが欠かせない」とあり、教材には以下の特徴があることが求められるとしている。

　一つには、児童生徒の身近にあり、観察したり調査したりするなど、直接体験をしたり繰り返し働きかけたりすることのできる具体的な教材であること。より優先すべきは、実物に触れたり、実際に行ったりするなどの直接体験であること。

　二つには、児童生徒の学習活動が豊かに広がり、発展していく教材であること。一つの対象から、次々と学習活動が展開し、自然事象や社会事象へと多様に広がり、学習の深まりが生まれること。身近な事象から現代社会の課題等に発展していくこと。

　三つには、実社会や実生活について多面的・多角的に考えることができる教材であること。

（学習指導要領解説（総合的な学習の時間編）より。筆者による要約）

　本節では、河川・水が上記の要件に対してどのような貢献を果たすことが可能かをとりまとめた。河川・水は、身近で直接体験できる具体的な学びの場であり、自然事象、社会事象への多様な広がり、現代社会の課題への発展、実社会や実生活についての多面的・多角的な考察の実現などに貢献することができ、総合的な学習の時間に活用することができる優れた教材（学習材）であること及び各教科等の学びの成果を幅広く生かして捉えるとともに、システム思考を働かせて探究課題の解決に取り組むことに貢献できることが以下のとおり明らかになった。

---

① 　児童生徒の身近にあり、観察したり調査したりするなど、直接体験をしたり繰り返し働きかけたりすることのできる具体的な教材であること

○身近な存在であること

第2章　総合的な学習の時間 編

　　河川は、家庭や通学路、学校などの近くに存在している。用水路や雨が降ったと
きの校庭の水の流れなど水の流れも含めれば河川は様々なところに存在している。
また、日本では降雨は身近に起きており、降雨現象を通じて水に触れることができ
る。さらに、飲料水や手洗い、洗濯・洗浄等のため、家庭や学校、公共施設等で水
は必ず使われている。

　　このように、自然の中で、あるいは、日常生活、学校生活の中で身近に触れるこ
とができる存在である。

○自然を直接体験でき、多様性のある教材（学習材）であること

　　河川は、自然や水の流れを直接体験したり、繰り返し働きかけたりすることがで
きる場である。そして、そこには、豊かな生態系（水の中で棲息している生き物、
河川敷等陸上で棲息している生物）が存在し、川は命を育む存在であることに気付
くことができる。また、樹木、岩や石、水の流れなどが生み出す自然空間や景観は、
感性や自然を愛する心情の育成につながる。

　　特に、水の流れがあることは川の大きな特徴である。様々な表情をもつ流れの様
子や流れの速さを捉えることができ、さらに触れることにより、水の力や冷たさな
どを感じることができる。また、四季の変化や山から海に至る過程（上流〜中流〜
下流）での川の形態が変化していくことは、学びの素材としての多様性を示してい
る。このように、豊かな自然、多様な水の流れ、四季や場所による変化などがあり、
観察したり調べたりする学習の対象となる素材を豊富に有している。

　　なお、都市部などにおいては、汚れていて良好な環境を有しているとは言えない
河川も存在する。このような環境の河川が存在することも実際に確認できることは、
なぜそのようになっているのかを実感をもって考えるきっかけを与えることができ、
河川・水が優れた学びの教材（学習材）であることを示している。

---

② 　児童生徒の学習活動が豊かに広がり、発展していく教材であること

○人や社会と長く密接な関わりをもっていること

　　世界の四大文明の発祥が象徴的なように、河川・水は人類と長い関わりの歴史を

もっている。人々はこれまで河川や河川の水を利用して産業（農業、工業、観光業、舟運、水力発電、水産業など）を発展させ、生活環境（生活用水の確保、供給、下水処理など）を向上させ、地域を豊かにしてきた。一方、多くの地域は洪水災害、渇水・干ばつ災害などに繰り返し悩まされてきており、このため人々は、治水事業、利水・かんがい事業等の対策を行ってきた。恵みと災いの両面での関わりを有していることは河川・水の大きな特徴である。

　そして、太古の河川は原始河川（自然のままの河川）であったが、人や社会との関わりが積み重ねられ、様々に手が加えられることにより河川は今の姿となっている。すなわち、河川の姿は人、社会との関わりの歴史を写し出している。

　このように、各地域には、河川・水に関わる産業の発展、生活環境の向上、災害の防止などに取り組んだ先人の業績や遺構も多く残されており、これらを通じて、地域の歴史を学び、地域の特徴をより深く理解することができ、ひいては地域への誇りや愛着を育むことができる。

○地域の自然特性、社会的特性を反映していること

　地域を流れる河川は、地域の自然的特性を反映している。**第3章 理科・社会科編**でも詳述するが、流域の働きにより雨水が集められて河川が形成される。そして、形成された河川の形態や生態系は、流れている場所が山間地なのか、丘陵地なのか、平地なのかに応じて異なった特徴をもつ。また、一般に雨水の集水域（すなわち流域）が広い河川は規模が大きな河川となり、降雨量の多い気候条件の地域では、河川を流れる水量が豊かになる。さらに、理科の5学年では流れる水の働きにより土地が変化することを学ぶ。つまり、地域の土地の成り立ちは、河川の働きによるところも大きく関わっており、このような地域では、自分たちの住んでいる地域の土地の成り立ちを川との関わりで把握することができる。すなわち、河川を通じて地域の自然特性（地形特性、気候特性）を捉えることができる。

　さらに、上述のとおり、人々は河川・水と密接に関わって地域を発展させ、生活を豊かにしてきたが、地域の地形条件や水の利用条件が地域特有の産業（農業、工業、観光業、舟運、水力発電、水産業など）や土地利用、ひいては、町並みや集落の形態など地域社会の形成に大きく関わっている。また、その中での地域の人々の

第2章　総合的な学習の時間 編

取り組みの歴史の積み重ねが地域の個性ある生活様式、伝統文化・行事、郷土料理、特産品などにつながっていることもある。

　このように、河川・水は、地域の人々の生活や社会、歴史や文化等との関わりが豊富であり、地域の社会特性を捉える素材を提供することができる。

○学習活動が広がっていくこと

　河川・水は、地域の社会、自然との関わりが深いことから、次のように学習活動が次々と広がっていく。

・地域を流れる川について、どこから来て、どこに行くのかに着目にすることにより、河川に沿った地形や土地利用の変化だけでなく、森・里・川・海のつながりや関わりに学びが広がっていく。また、山からきて、下流に流れていって、海に注ぎ、そこからどうなるかに着目することにより、水の循環に学びが広がっていく。

・家庭や学校の水道がどこから来て、どこに行くのかに着目すると、川から取水して浄化して家庭や学校などにとどけたり、雨が降らなくても水が使えるようにダムや貯水池などで水を貯めたり、使った水は下水処理場に行ってきれいにされて川に戻されることなどを学ぶことができる。すなわち、人々の生活や社会の活動を快適で安定的なものにしていこうという社会のしくみに学びが広がっていく。なお、水を使っているのは、自分たちだけでなく、農業や工業などもあることにも気付くことにより、水を通じて様々な産業がつながっていることにも学びが広がっていく。

・地域の川の水質やゴミなどに着目し、なぜそうなっているのかを学ぶことにより、人や社会の活動が環境に影響を与えてしまうということに学びが広がっていく。

・地域の川の歴史に着目することにより、地域には水害がたびたび起こっており、そのために地域の人々が様々な努力と工夫を行ってきたこと、生活を豊かにするために河川から水を引いて農地開発や産業振興を図ってきたことを知ることにより、地域の先人たちの取り組みと発展の歴史に学びが広がっていく。

・現在も多くの人々が、産業、観光、レクリエーション、防災などで河川や水に関わって働いており、これらの人々から話を聞くことにより、実生活、実社会の課題を学ぶことができるとともに、地域に開かれた学習に学びが広がっていく。

○現代社会の課題へ発展していくこと

これまで述べてきた通り、地域の河川・水を通じて、地域づくりや地域の環境、防災、水資源に関わる課題を考えることができる。このことにより、自分たちの住んでいる地域を自分事として理解し、地域に誇りを持ち、地域を愛する心情の育成にも貢献できる。

一方、人や社会の活動が地球環境に影響を与え、気候変動を生じさせることによる災害の頻発化や水資源の不安定化が懸念されており、このような状況の中で持続可能な社会をどう築いていくのかが地球全体としての大きな課題となっている。

このように河川・水は、日本全体、さらには世界共通に存在するものであることから課題が共通している一方で、各地域は地域固有の特徴ももっていることから、ローカルな視点をもちつつ、共通する課題をグローバルに解決していく力の育成が今後重要となっていくものと考えられる。

河川・水は、世界に共通して存在しつつも、地域の自然的、社会的特色を反映しており、身近な事象から現代社会の課題へ円滑に発展させ、ローカルな視点とグローバルな視点を踏まえて課題解決を考えることができる。

---

③　実社会や実生活について多面的・多角的に考えることができる教材であること

○人と自然、社会との関わりを多面的・多角的に捉えられること

恵みと災いの両面を有していることは河川・水の大きな特徴であり、このこと自体がものごとには多面的な性質があることを気付かせてくれる。

そして、人々は河川・水の恵みにより産業を発展させ、生活を豊かにしてきたが、地域によっては人や社会の活動が河川の水質悪化やゴミなどの環境問題（深刻な場合には公害問題に発展）を生じさせていることがある。また、人々がまちづくりなどで土地を改変してきたことにより、土地が水を貯える力が減り、川に流出する雨水の量が増加し、洪水災害の危険性を増大させていることがあるなど、関わり方によっては問題を生じさせてしまうこともある。このように、河川・水を教材（素材）とすることにより、自然と人、社会の関わり方を多面的・多角的に捉えなければならないことにも更に気付くことができる。

また、恵みの側面については、利用できる水を貯めるためのため池やダムなどの施設の整備が、災いの側面については、水害を防ぐための堤防や遊水地、ダムなどの施設の整備が行われてきているが、それにより移転や農地の提供を余儀なくされる人々の問題、自然環境の保全の問題、堤防整備に関しては左岸側を守れば右岸側が危険になってしまう（左右岸問題）、上流を守れば下流が危険になってしまう（上下流問題）という課題などを様々な知恵と工夫を働かせ、人々の合意を得たり、納得解を探しながら進められてきている。このような課題や課題解決の事例は各地域に豊富に存在しており、河川・水は、人と自然、社会との関わりや問題の解決について、地域の事例を踏まえて多面的、多角的に考えることができる教材（学習材）であると言える。

以上のことから、河川・水は、恵みと災いの両面を有していること、人と自然、社会との関わり方によっては自然や社会に問題を生じさせてしまうことに気付かせることができること、人々の合意を得たり、納得解を探したりしながら解決されてきた課題の事例を豊富に有していることから、実社会や実生活について多面的・多角的に考えることができる教材（学習材）である。

○システム思考を働かせて探究課題の解決に取り組むことができること

河川・水は各学年の様々な教科等の学習に存在している。また、**第1章**で述べたように、河川・水の学びの特徴の一つとして、流域や循環という見方を取り入れることにより、全体を一つの系（システム）と捉えて、部分（要素）の機能や関連性を理解するとともに、部分が全体を構成する様を把握しつつ全体を理解するシステム思考を育成することができる。

このため、総合的な学習の時間での探究的な学習において、各教科等の学びの成果を幅広く生かして捉えるとともに、システム思考を働かせることにより、探究課題の背後にある個々の事象、現象の位置付けや役割、相互の関連性や全体像などを捉えて問題の解決に取り組むことができる。

（総合的な学習の時間の教材（学習材）としての貢献）

---

① 児童・生徒の身近にあり、観察、調査など直接体験したり繰り返し働きかけたりすることができる具体的な教材であること

▶身近な存在であること
　・自然の中、あるいは、日常生活や学校生活の中で身近に触れることができる存在である

▶自然を直接体験でき、多様性のある教材（学習材）であること
　・自然や水の流れを直接体験したり、繰り返し働きかけたりすることができる
　・豊かな自然、多様な水の流れ、四季や場所による変化などがある
　・汚れていて良好な環境を有しているとは言えない河川も存在する

② 児童の学習活動が豊かに広がり、発展していく教材であること

▶人や社会と長く密接な関わりをもっていること
　・人間は河川や河川の水を利用して産業を発展させ、生活環境を向上させ、地域を豊かにしてきている《恵み》
　・洪水災害、渇水・干ばつ被害などに悩まされてきており、治水事業、利水・かんがい事業等の対策を行ってきている《災い》

▶地域の自然的、社会的特色を反映していること
　・河川は地域の自然特性（地形特性、気候特性）を反映しており、河川を通じて地域の自然的特色を捉えることができる
　・河川や水は、地域の人々の生活や社会、歴史や文化等との関わりが豊富であり、地域の社会的特色を捉えることができる

▶学習活動が広がっていくこと
　・自然と社会の様々な課題に学びが連続的に広がっていく

▶現代社会の課題へ発展していくこと
　・河川や水は、世界に共通して存在しつつも、地域の自然的、社会的特色を反映しており、身近な事象から現代社会の課題へ円滑に発展させ、ローカルな視点とグローバルな視点を踏まえて課題解決を考えることができる

③ 実社会や実生活について多面的・多角的に捉えることができる教材であること

▶人と自然、社会との関わりを多面的・多角的に捉えられること
　・河川や水は、恵みと災いの両面を有している
　・人と自然、社会との関わり方によっては自然や社会に問題を生じさせてしまうことに気付かせることができる
　・人々の合意を得たり、納得解を探しながら解決されてきた課題事例を豊富に有している

▶システム思考を働かせて探究課題の解決に取り組むことができること

第3章

理科・社会科 編

第1節　理科と社会科に貢献する河川・水の学びの価値の概観

第2節　理科への貢献

第3節　社会科への貢献

第3章では、理科及び社会科の学習における河川・水の学びの価値について整理を行う。理科と社会科のいずれにおいても、河川・水の学びを導入することで、学習内容の理解が進むとともに深まることが期待できる単元がある。特に流域と水循環という見方や捉え方が重要な役割を果たすと考えられる。

　理科においては、第4学年で学ぶ「雨水の行方と地面の様子」、「天気の様子」、第5学年で学ぶ「流れる水の働きと土地の変化」、「天気の変化」、第6学年で学ぶ「生物と環境」、「土地のつくりと変化」の単元への河川・水の学びの貢献が大きいと考えられるため、これらの単元の学習において河川・水の学びがどのように貢献しうるかについてとりまとめた。

　「雨水の行方と地面の様子」の学習においては、水が高い場所から低い場所へ流れるということを学ぶ際に、流域の見方・捉え方を導入することで、学習の発展に貢献しうることを示した。尾根の様に周辺より膨らんだ場所では分かれて流れ下る雨水が、谷の様に周辺より窪んだ場所では集まりながら流れ下ることを学ぶことで、地面での水の流れは、凹凸が組み合わさった地形に応じて、谷部に集まりながら流れるということに理解を広げることができる。このようなしくみを把握して、河川に流れている水は、その上流側の流域において集められたものであることが理解できれば、河川の水の流れ（流量）は、流域における降雨により変化するという関係にまで理解が深まることを示した。「天気の様子」、「流れる水の働きと土地の変化」、「天気の変化」、「生物と環境」、「土地のつくりと変化」の単元についても、河川・水の学びの貢献を具体的に示した。

　社会科においては、第3学年で学ぶ「身近な地域や自分たちの市区町村の様子」、「市の様子の移り変わり」、第4学年で学ぶ「都道府県の様子」、「人々の健康や生活環境を支える事業」、「自然災害から人々を守る活動」、第5学年で学ぶ「県内の伝統や文化、先人の働き」、「我が国の国土の様子と国民生活」、「我が国の国土の自然環境と国民生活の関わり」、第6学年で学ぶ「グローバル化する世界と日本の役割」の単元への河川・水の学びの貢献が大きいと考えられるため、これらの単元の学習において河川・水の学びがどのように貢献しうるかについてとりまとめた。

　社会科の学習では、学年ごと段階的に学習対象の範囲を身近な地域から世界へと広げながら社会的事象について学ぶ。社会科への河川・水の学びの貢献は、土地利用と地形との関係や、社会における水利用や環境保全のための施設や事業、水害の発生等について、なぜそうなるのかという理由を明確に示しながら学習できることにあることを示した。流域や水循環の見方・捉え方を導入し、土地における水の動きや地形の形成についての理解を通すことで、上記の様な社会的事象の因果関係や生起理由についても学ぶことが可能となり、より深い理解が可能となることを、それぞれの単元ごとに、学習の発達状況に合わせて具体的に示した。

　また、第3章では、河川・水の学びは、教科内の各単元の理解、単元間の関連性についてのより深い理解、さらには教科等横断的な学習内容の理解を進めるものであることが示される。

第3章　理科・社会科 編

第1節　理科と社会科に貢献する河川・水の学びの価値の概観

　第1章で述べたように、河川・水という存在は、種々の教科等（理科、社会科等）の多くの単元における学習内容に関連しており、それぞれの単元を学習する際に、河川や水の存在や役割に留意して指導することで、各単元の理解を深めるだけでなく、単元間あるいは教科等横断的な学習内容の関連性の理解を自然に喚起する効果が得られると考えられる。特に、河川・水は身近に存在するものであり、その特徴や挙動は目につきやすく、理解しやすい教材であるという利点もある。このように、河川・水の学びを通して、各教科の個別の単元の習得を助けるとともに、異なる単元や各教科等において学習した個別の知識を横断的に結び付けることで、これらの知識についての統合的な理解を無理なく進めることができる。またこのような統合的な理解に至る経験を通して、より深い思考ができるように児童・生徒を導くことが期待できる。

　河川・水の学びの代表的な事柄が、「流域」、「水循環」という見方・捉え方である（第1章第3節参照）。例えば、理科で学ぶ「雨水の行方、流れる水の働きと土地の変化」、「天気の様子」、「土地のつくりと変化」といった単元で習得される、降雨や川の流れといった知識が、「流域」と「水循環」という見方・捉え方のもとで、相互に関連付けられ、「流域内に降った雨の一部が川の流れとして流出し、さらに上流から下流へと流れる」といった陸地における水の循環について理解できるようになる。また、「流域内の時間当たり降雨量が増大すると、河川流量が増加し上流からの流量を流しきれない箇所で氾濫が生じる」というように洪水氾濫発生に至る事象の関連性についても新たな知識として習得できる。これにより、「洪水の時は雨降り（大雨が降ると洪水が起こる）」という程度の漠然とした理解から、「洪水を起こしうる雨の降り方（降雨の地域的な分布、時間的な雨量の変化）」はどのような特性をもつかというように、深い理解へと発展していく。

　社会科においても、「身近な地域」、「都道府県の様子」、「我が国の国土の様子」、「自

然災害、自然環境」について学ぶ単元において河川・水の学びを活用することで、例えば地形や土地利用について学ぶ際に、雨水を集めて河川（水の流れ）を形成する（流域を決定する）地形の働きがあることを理解し、河川と地形との関係に着目することで、学びの対象とする地域の地形が持つ種々の役割を理解できるようになる。地形が河川や水の流れを決めるために、河川が運んだ土砂により平野が形成されることや、水の利用が容易な低地で水田が作られたことなど、なぜそのような土地利用がされているのかという理由を含めて理解することが可能になる他、河川が洪水を流しきれなくなると陸地にあふれる氾濫となり、さらに氾濫域における土地利用に応じて水害が生じるというように、発生の機構を通して水害を理解することで、水害という知識の習得にとどまらず、自分たちが住む地域における災害を軽減させるために何をするべきかという思考力や行動の習得につながることが期待できる。これらのような実感を伴った深い理解は、個々の単元の理解を促進するとともに、社会的事象の課題追及や解決に役立つものである。

　流域と水循環という見方・捉え方を身に付けることで、理科の単元で学習する内容から、洪水が起こる理由が量的に理解できるようになることを先に述べた。さらに社会科の単元で、地形と土地利用の関係における河川の関わりを学習することで、洪水がいかにして水害につながるかということについて理解できるようになることも述べた。これらの例を関連付けると、理科で学習した、雨量と河川流量という自然現象の量的な関連付けによる理解と、社会科で学習した社会的事象である水害の発生原因の理解がつながることで、自然現象と社会的事象の関連性という教科等横断的な深い理解に至ることがわかる。このように理科で学ぶ自然現象を、人や社会にどのように影響を及ぼすかという社会的事象に無理なく結び付けられること、また社会科で学ぶ社会的事象を通して、理科で学んだ知識をその活用方法について認識したうえで、深く理解できるということは、教科学習への河川・水の学びの貢献の一例である。

　本章では、理科と社会科の学習を対象に、身近に存在する河川・水を題材とすることで、河川・水の学びは、各教科の学習内容を通して学ぶ知識や思考力等を、無理なく習得させ、さらに発展させることに寄与するものであることを示す。

50

第3章　理科・社会科 編

第2節　理科への貢献

2.1　教科の目標との関連

　小学校学習指導要領（平成29年告示）解説　理科編（以下、学習指導要領解説（理科編）という）では、小学校理科の教科の目標として、「自然に親しみ、理科の見方・考え方を働かせ、見通しをもって観察、実験を行うことなどを通して、自然の事物・現象についての問題を科学的に解決するために必要な資質・能力を次のとおり育成することを目指す。」として、「どのような学習の過程を通して資質・能力を育成するのか」を示している。

　まず、目指すべき学習の過程についてみると、小学校理科の教科の目標を構成する文章は、「自然に親しみ」、「理科の見方・考え方を働かせ」、「見通しをもって観察、実験を行うことなどを通して」、「自然の事物・現象についての問題を科学的に解決する」という四つに区切られる。これら四つについて、学習指導要領解説（理科編）では以下の様に解説されている。

　「自然に親しみ」については、「理科の学習は、児童が自然に親しむことから始まる。」として、「児童が対象である自然の事物・現象に関心や意欲を高めつつ、そこから問題意識を醸成し、主体的に追究していくことができるよう」に工夫が必要と指摘している。

　河川や水は、多くの児童にとって身の回りに存在する親しみやすい自然であり、水そのものの特性、水の動き、水の働き、生物との関わりなど、実体験に照らして学習者の多様な問題意識を喚起し、醸成させることが可能であるという点において優れた学習材であると言える。

　「理科の見方・考え方を働かせ」のうち、「理科の見方」については、理科を構成する領域ごとに、自然の事物・現象の捉え方として、以下の様に整理している。

　「　エネルギー　」　主として量的・関係的な視点で捉える。

　「　　粒子　　」　主として質的・実体的な視点で捉える。

51

「　　生命　　」 主として共通性・多様性の視点で捉える。

「　　地球　　」 主として時間的・空間的な視点で捉える。

　これら以外にも、「原因と結果」、「部分と全体」、「定性と定量」などの視点にも留意する必要があるとされている。また、「理科の考え方」については、問題解決の能力を基に、問題解決の過程で用いる比較、関係付け、条件制御、多面的に考えることなどの考え方が、以下の様に取り上げられている。

「　比較する　」 複数の自然の事物・現象を比較し、差異点や共通点を明らかにする。

「　関係付ける　」 自然の事物・現象を様々な視点から結び付け、変化とそれに関わる要因を結び付けたり、既習の内容や生活経験と結び付けたりする。

「条件を制御する」 自然の事物・現象に影響を与える要因としない要因を区別する。

「多面的に考える」 自然の事物・現象を複数の側面から考える。

　「理科の見方」の観点からは、河川や水は、降雨と河川の流れに着目することで、量的・関係的な視点（雨量と河川流量との関係は、日射と気温との関係に類似した時間遅れのある関係である）、複数の河川を比べることで、共通性・多様性の視点、水の流れと土砂の動きに着目することで、原因と結果、河川の上流・中流・下流と流域を比較することで、部分と全体、土への水のしみ込みに着目することで、定性と定量の視点というように、多様かつ無理なく捉えることができる。また、「理科の考え方」の観点からは、例えば河川の上流・中流・下流における河川の様子や川原の石に着目して比較する、関係付ける、条件を制御する、多面的に考えるという考え方を一度に働かせて関わることが容易な学習材である。

　「見通しをもって観察、実験を行うことなどを通して」については、「児童が自然に親しむことによって見いだした問題に対して、予想や仮説をもち、それらを基にして観察、実験などの解決の方法を発想すること」を「見通しをもつ」ということであるとした上で、「児童は、既習の内容や生活経験を基にしながら、問題の解決を図るための根拠のある予想や仮説、さらには、それを確かめるための観察、実験の方法を発想することになる」ことで、「観察、実験は児童自らの主体的な問題解決の活動となる」

と指摘している。また、「見通しをもつ」ことで、予想や仮説と観察、実験の結果の一致、不一致が明確になり、予想や仮説又は解決の方法の妥当性を検討したという意義や価値があると述べている。さらに「観察、実験を行うことなど」については、「観察、実験などの計画や方法は、予想や仮説を自然の事物・現象で検討するための手続き・手段であり、理科における重要な検討の形式と考えることができる」としている。

　河川や水は、身近に存在し普段から触れ合うことが多いものであるため、無理なく「見通しをもつ」ことができる上に、「観察、実験を行うこと」が容易であるという学習材としての利点を有している。学習者の理解の水準にあわせて幅広く困難なく学習することが可能である。

　「自然の事物・現象についての問題を科学的に解決する」については、理科においては、「科学的に解決する」ということが重要であると指摘し、「『問題を科学的に解決する』ということは、自然の事物・現象についての問題を、実証性、再現性、客観性などといった条件を検討する手続きを重視しながら解決していくということと考えられる」と示している。「このような手続きを重視するためには、主体的で対話的な学びが欠かせない」ことが指摘され、このような過程を経て「既にもっている自然の事物・現象についての考えを、少しずつ科学的なものに変容させていく」と述べている。

　どのような児童でも、すでに河川や水に対する考えを持っているものであり、特に水を対象に観察や実験をすることを考えると、小規模なものであれば身近な材料を用いて容易に水の流れ方を実証的にかつ再現性をもった観察や実験が可能である。また、同じ条件を整えることで、誰が行っても同じ結果が得られるという客観性も兼ね備えた観察や実験が可能であるという利点ももつことから、児童の学習の習得の程度に寄り添いながら、「自然の事物・現象についての考えを少しずつ科学的なものに変容させる」のに適した学習材だといえる。

　これまで述べた学習の過程の解説に続いて、各教科等で育成を目指す資質・能力として整理された「知識及び技能」、「思考力、判断力、表現力」、「学びに向かう力、人間性等」の三つの柱に沿って、小学校理科において育成を目指す資質・能力が以下の通りに示されている。

(1) 自然の事物・現象についての理解を図り、観察、実験などに関する基本的な技能を身に付けるようにすること。

(2) 観察、実験などを行い、問題解決の力を養うこと。

(3) 自然を愛する心情や主体的に問題解決しようとする態度を養うこと。

ここで、(1)は「知識及び技能」、(2)は「思考力、判断力、表現力」、(3)は「学びに向かう力、人間性等」にそれぞれ対応している。なお、これらの三つは、相互に関連しあうものであると示されている。これら三つの柱に沿って、育成を目指す資質・能力について、河川・水の学びとの関連を見る。

「(1) 自然の事物・現象についての理解を図り、観察、実験などに関する基本的な技能を身に付けるようにすること」について、「児童は、問題解決の過程を通して、あらかじめもっている自然の事物・現象についてのイメージや素朴な概念などを、既習の内容や生活経験、観察、実験などの結果から導きだした結論と意味付けたり、関係付けたりして、より妥当性の高いものに更新していく」としている。

先にも述べた通り、河川や水については、どの児童もイメージや素朴な概念などをもっており、生活経験、観察、実験などの結果から導き出した結論と意味付けたり、関係付けたりして、より妥当性の高いものに更新していくことが可能な学習材である。自然の事物・現象についての理解を図り、観察、実験などに関する基本的な技能を身に付けるようにする上で、河川・水の学びが貢献しうる事項を、**第2節第2項**以降において単元ごとに議論する。

「(2) 観察、実験などを行い、問題解決の力を養うこと」の解説では、学年を通して育成を目指す問題解決の力を以下の通り示している。

(第3学年)（比較しながら調べる活動を通して）自然の事物・現象について追究する中で、差異点や共通点を基に、問題を見いだし、表現すること。

(第4学年)（関係付けて調べる活動を通して）自然の事物・現象について追究する中で、既習の内容や生活経験を基に、根拠のある予想や仮説を発想し、表現すること。

(第5学年)（条件を制御しながら調べる活動を通して）自然の事物・現象について追究する中で、予想や仮説を基に、解決の方法を発想し、表現すること。

第3章 理科・社会科 編

（第6学年）（多面的に調べる活動を通して）自然の事物・現象について追究する中で、より妥当な考えをつくりだし、表現すること。

各学年において育成を目指す問題解決の力と河川・水の学びとの関連については、**第2節第2項**以降において単元ごとに議論する。

「学びに向かう力、人間性等」に対応する、「(3) 自然を愛する心情や主体的に問題解決しようとする態度を養うこと」については、植物栽培や昆虫飼育を通して生物を愛護しようという態度が育まれること、それらの観察などを通して、「自分自身を含む動植物は、互いにつながっており、周囲の環境との関係で生きていることを考えたりすることを通して、生命を尊重しようとする態度が育まれてくる」と指摘するとともに、「自然環境と人間との共生の手立てを考えながら自然を見直すことや実験などを通して自然の秩序や規則性などに気付くことも、自然を愛する心情を育てることにつながると考えられる」と述べている。また、「主体的に問題解決しようとする態度とは、一連の問題解決の活動を、児童自らが行おうとすることによって表出された姿である」と示しており、「このような姿には、意欲的に自然の事物・現象に関わろうとする態度、粘り強く問題解決しようとする態度、他者と関わりながら問題解決しようとする態度、学んだことを自然の事物・現象や日常生活に当てはめてみようとする態度などが表れている。小学校理科では、このような態度の育成を目指していくことが大切である」と締めくくっている。

自然を愛する心情や主体的に問題解決しようとする態度を養う上で、河川・水の学びが貢献しうる事項も、**第2節第2項**以降において単元ごとに議論する。

2.2　第4学年の学習内容への貢献

第4学年においては、「関係付けて調べる活動を通して、自然の事物・現象について追究する中で、既習の内容や生活経験を基に、根拠のある予想や仮説を発想し、表現すること。」が学年を通して育成を目指す問題解決の力として示されている。このような問題解決の力の育成を含めて、第4学年の学習内容への河川・水の学びの貢献を、単元ごとに検討する。

(1) 第4学年　雨水の行方と地面の様子

　ここでは、雨水の行方と地面の様子について学ぶ単元における河川・水の学びの貢献について考える。

理科第4学年　雨水の行方と地面の様子

　雨水の行方と地面の様子について、流れ方やしみ込み方に着目して、それらと地面の傾きや土の粒の大きさとを関係付けて調べる活動を通して、次の事項を身に付けることができるよう指導する。
　ア　次のことを理解するとともに、観察、実験などに関する技能を身に付けること。
　（ア）水は、高い場所から低い場所へと流れて集まること。
　（イ）水のしみ込み方は、土の粒の大きさによって違いがあること。
　イ　雨水の行方と地面の様子について追究する中で、既習の内容や生活経験を基に、雨水の流れ方やしみ込み方と地面の傾きや土の粒の大きさとの関係について、根拠のある予想や仮説を発想し、表現すること。

　　　　　　　　　　　　　　　　　　　　　（学習指導要領解説（理科編）より引用）

　雨水は、地面に到達した後、「地表面の流れ」、「地下へのしみ込み」、また一部は「蒸発散」という大きく分けて三つの行方をとる。（ア）で地表面の流れについて学び、（イ）で雨水の地下へのしみ込みについて学ぶ。三つ目の蒸発散は、水が水蒸気となり大気へと移動する現象であり、これについては、小学校4年生の「天気の様子」の単元で学ぶことになる。

　学習指導要領解説（理科編）では、「（ア）雨水が地面を流れていく様子から、雨水の流れ方に着目して、雨水の流れる方向と地面の傾きとを関係付けて、降った雨の流れの行方を調べる。これらの活動を通して、雨水の流れ方について、既習の内容や生活経験を基に、根拠のある予想や仮説を発想し、表現するとともに、水は高い場所から低い場所へと流れて集まることを捉えるようにする。その際、地面にできた雨水の流れの方向を観察するとともに、普段の生活ではあまり意識することのなかった地面の傾きの違いについて、雨水の流れる方向と地面の傾きとの関係を捉えるようにする。」としている。（下線は筆者による）

　ここで「理解するとともに、観察、実験などに関する技能を身に付けること」とし

第3章　理科・社会科 編

て示されている、「水は、高い場所から低い場所へと流れて集まること」という文章
は、水の流れに見られる本質を一言で示すために、簡潔に表現したものとなっている。
このような本質ではあるが一般化された原理については、これを記憶するだけでなく、
この原理から何を導きうるのかということまでを把握することが重要であり、上記の
様に学習指導要領解説（理科編）では、「水は高い場所から低い場所へと流れて集ま
ることを捉える」ことと、「雨水の流れる方向と地面の傾きとの関係を捉える」こと
に児童を導くように記されている。このような学習を無理なく進めることに、如何に
して河川・水の学びが貢献するかについて、検討する。

　以下に示すように、河川・水の学びを通して、「高い場所」と「低い場所」という
二つの場所があれば、水は低い方に流れるという一般化された原理を敷衍し、雨水が
地面をどのように流れて海へ向かうのかということの理解にまで無理なく学習を進め
ることができる。これは、本質を示した一般化された原理を、知識として習得するだ
けでなく、それを発展、敷衍させることで、一般化された原理から想像して、全体の
構造の理解につなげるという学習態度や思考力の養成にも資するものといえる。

　この単元において学ぶ、「水は高い場所から低い場所へと流れて集まる」という知
識には、地面上で「水の流れの方向が決まっていること」と「水の流れが集まること」
という二つの原理が含まれている。まず、高低差のある場所では、基本的に降雨のた
びに雨水が高い場所から低い場所へと同じ方向に流れていることや、流れていく先（下
流）でやがて流れが集まり河川に流れ込むことは、身近な場所で実際に目撃すること
で実感を伴って把握できると考えられる。ただし、このうち、「水の流れが集まること」
については、谷のように周囲より窪んだ地形において発生するので、若干注意が必要
である。

　水が高い場所から低い場所に流れるのは、重力を受けるためである。斜面方向に分
解された重力は斜面の最も傾きが急な方向に向かって作用するため、図−3.2.1 に示
されるような谷形状の斜面において、水は図中の矢印の方向に重力により引っ張られ、
その方向に流れる。谷形状の斜面は、窪んだ形状を持っている、この窪んだ箇所に向
けて水が集まりながら流れることが示されている。谷形状の斜面の場合、このように
水の流れは高い場所から低い場所へと流れながら集まることがわかる。流れが集まる

ことから、このような斜面を収束型斜面と呼ぶ。

　図-3.2.1 よりも複雑な自然の地形上を水が流れる場合は、水が流れる経路も複雑になり、水が流れ出すと慣性を持つことから、水の流れの方向は重力の作用する方向と常に一致するとは限らないが、水の流れる方向は重力の作用する方向に沿って収れんする。学習指導要領解説（理科編）に述べられている「水は、高い場所から低い場所へと流れて集まること」は、このように周囲に比べて窪んだ地形が導く現象である。

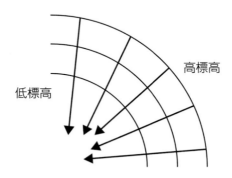

図-3.2.1　谷形状斜面において水が流れる方向

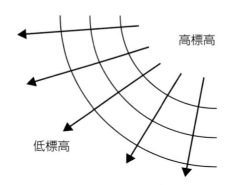

図-3.2.2　尾根形状斜面において水が流れる方向

　これに対して、図-3.2.2 の様に尾根形状の斜面上での水の流れを見ると様相が異なる。図-3.2.1 の場合とは異なり、斜面方向に分解された重力が作用する、傾きが最も急な方向に向かう矢印（水が流れる方向を示す）は、収束せず分かれていく。このような尾根形状の斜面は、発散型斜面と呼ばれ、斜面上の水の流れは集まらずにむしろ分かれていく。このように水の流れる方向を分ける尾根形状の地形の働きも地面

上の水の流れを決定する重要なものである。

　図-3.2.3の左図に示すように、尾根の様な形をもつ場所では、尾根を境に水の流れが分かれる。これに対して、谷形状の斜面を流れる水は、図-3.2.3の右図に示すように、流れが集まる。ただし、図-3.2.2及び図-3.2.3の左図に示された尾根形状の斜面において分かれて流れ下った水も、下流において図-3.2.1及び図-3.2.3の右図に示された谷形状の場所に至ると、今度は集まりながら流れ続ける。上述の通り、水の流れが集まるのは、このような谷形状の斜面（収束型斜面）上で起こる現象である。水の流れを分ける尾根形状の地形の高まりで周囲を囲まれた、窪んだ地形（場所）が存在すれば、この地形（場所）の範囲に降った雨水は、低い場所に流れ集まりながらやがて最下流部に達する。この最下流部地点から見た上記の地形の範囲を、この地点の流域と呼ぶ（図-3.2.4）。

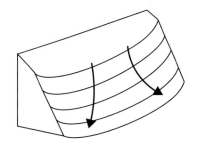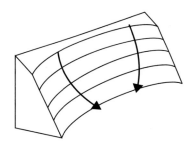

図-3.2.3　左図：水が分かれて流れる尾根形状の斜面（発散型斜面）
　　　　　右図：水が集まって流れる谷形状の斜面（収束型斜面）

　周囲より窪んだ凹型の地形が存在することで「流れが集まること」が生じると理解できれば、集まる流れを上流の逆方向に追いかけることで、河川の任意の地点において流れている水がどこから集まってくるのかについて求めることが可能になる。河川の任意の地点から、上流側の地面を水の流れと逆にたどっていけば、やがて周囲よりも高い場所（ピーク）に到達する。このピーク地点を越えた後、今度はピーク地点を越えた側において水が流れる方向に移動していき、これが最初に出発した河川の任意の地点に戻ることがなければ、このピーク地点は、流域の境界上にあると考えられる。このようなピーク地点をつなげた線が、流域の境界（図-3.2.4の一点鎖線）であり、分水嶺とか流域界と呼ばれる。ピーク地点を越えた後、水が流れる方向に移動していき、最初に出発した河川の任意の地点に戻る場合は、このピーク地点は流域内にある

ことになり、境界にはならない。

　河川の任意の地点の流域が明らかになれば、この流域の範囲内への雨水が集まって、河川を流れる水になっていることが理解できる。河川を流れる水が上流側の流域に降った雨水の集まりであるということは、大人でもあまり意識していない（理解していない）が、この単元で学ぶ、地面上で「水の流れの方向が決まっていること」と「水の流れが集まること」という二つの原理を、身近な事例を通して学習することで、河川を流れる水を集める流域の役割にまで理解が進む。

　このように、起伏を伴う地面には、雨水を集める範囲があることが理解できる。これが流域という見方・捉え方（**図−3.2.4**）であり、本単元を学習する際に、河川に流れる水を集めてくる流域という範囲があることを同時に学習すれば、流域内で短時間に大量の降雨が発生した場合に、河川流量が増加するといった流域と河川との関係について理解することが可能である。流域という見方・捉え方を習得することで、時間的・空間的な視点で自然の現象を捉えることができ、さらに雨と河川の水の流れという原因と結果、河川と流域という部分と全体の関係についても、比較や関係付けをしながら学習することができる。この学習は、5年生で学ぶ「流れる水の働きと土地の変化」の単元につながる知識や思考力の習得も可能とする。

流域

ある地点に向けて周囲の地面に降った雨や雪を集めてくる土地の範囲

【地表面の流れ】
「水は高いところから低いところへと流れて集まる」

【地下へのしみ込み】
「水のしみ込み方は土の粒の大きさによって違いがある」

図− 3.2.4 流域の概念図
図中の楕円（◯）で示した地点の流域は、
図中の一点鎖線（−・−）で示された「尾根を結んだ稜線」で囲まれた内側の範囲となる

この単元における学びは、高い場所から低い場所という二つの場所の間における水の流れ方という水の流れの原理の基本を対象としているが、このような普遍性を持つ原理は、広く適用可能であり、流域内の無数の場所を想定して適用すれば、流れが集まることを含めて、流域における水の流れを理解することにまで理解を深めることが可能であり、流域に大量の降雨が生じることで、河川流量が増加するという、降雨と河川流量の因果関係を捉えることにもつながり、ひいては、洪水という自然災害の原因が流域における豪雨に帰することの理解にもつながる。

　以上のように、「水は、高い場所から低い場所へと流れて集まること」という簡潔に表現された原理の学習を、河川・水の学びの重要な事項である流域の見方・捉え方を通して、雨が河川の流れにつながることへの理解にまで発展させることで大きな学習効果が期待される。

　また、学習指導要領解説（理科編）では、「（イ）雨があがった後の校庭や教材園などの地面の様子から、水のしみ込み方に着目して、水のしみ込み方と土の粒の大きさとを関係付けて、降った雨の流れの行方を調べる。（中略）水のしみ込み方は土の粒の大きさによって違いがあることを捉えるようにする。」としている。

　ここでは、雨水の地下へのしみ込み方への影響要因として、土の粒の大きさに着目して、土の粒の大きさと水のしみ込み方の関係性について調べることが学習のねらいとなっている。土への水のしみ込みについては、水だけでなく土の性質が関係するため少し難しく、小学校4年生の理解としては、土の粒が大きい方が水がしみ込みやすいということが理解できれば十分だと思われるが、河川・水の学びが貢献しうる余地がある。それは、土中における水の動きに関する知識の提供である。土には連続したすき間（間隙と呼ばれる）があり、水はこの間隙を通過することができるため、土中においても水は流れることができる。専門的にはこのような流れを浸透流と呼んでおり、水を通過させることができる材料を透水性があるという。水のしみ込みやすさは、透水性の高さ（水の通過しやすさ）を反映した結果と言える。

　透水性は、土の粒が大きいほど、また土中の間隙の割合が大きいほど高くなる（水が流れやすくなる）ことが実験的に知られている。透水性を表現するダルシーの法則を紐解くと、土の粒の直径をDとすると、透水性はD^2に比例することになる。また、

間隙の割合が大きいほど透水性は高くなる。土中の間隙の割合に大きな違いが無ければ、土の粒の大きさの影響が透水性の決め手となる。すなわち、土の粒が大きいほど透水性は高くなる。

　雨水の地下へのしみ込み方の様子を記した「土の粒が大きい方が水がしみ込みやすい」ということは、身近に存在する同程度の間隙の割合をもつ土を比較すると、粒がより大きい土の方が水を通しやすいということを示しているといえる。

　ちなみに、同じ粒の大きさの土でも、土を突き固める（締める）ことで間隙の割合は小さくなる。また、通常の土は、同一の大きさの粒からなることはほとんどなく、粒の細かいものから粗いものが混ざり合っていることや、粒の形にも様々なものがあるため、土の粒の代表的な大きさを決めるのはたやすいことではない。このため、実験に用いる土については、予めふるいにかけるなどして、ある程度一様な粒の大きさの土の試料を数種類作成するとともに、同程度に突き固めた（締めた）上で水のしみ込みやすさを比較すると実験結果を考察しやすくなる。

　以上のように、「水のしみ込み方は、土の粒の大きさによって違いがあること」という簡潔に表現された内容について、一般的に土の粒の大きさが、水の流れやすさを変えるということにまで理解を進めることで、地表面の流れ以外の雨水の行方としての地下へのしみ込みについての初歩的な理解が進む。この理解は、後に習得が望まれる水循環についての理解につながるものである。雨水の行方と地面の様子の単元では、流域と水循環を念頭に学習を進めることで、重要な知識や思考力の習得が期待される。

　ここまで述べてきたように、本単元においては、地面に到達した雨水が、地面を流れるとともに地下にしみ込んで流れることを学ぶ。地面での水の流れについては、土地の高低（標高分布）が決定しており、地形が与えられれば、雨水の流れが決まることまで理解が可能となる。また、地下を流れる水は、土の粒が大きいほど一般的に流れやすいということが理解できる。流れる水の性質として、これらのことを関係付けた上で、基本的知識として習得できれば、自然に親しみながら、児童の自由な発想で、仮説を立てたり、表現したりすることが可能と考えられる。水の流れ、水の土へのしみ込み方については、観察や実験も簡易に実施可能であり、河川・水の学びの価値を示しているといえる。

第3章　理科・社会科 編

(2) 第4学年　天気の様子

　ここでは、天気の様子について学ぶ単元における河川・水の学びの貢献について考える。

理科第4学年　天気の様子

　天気や自然界の水の様子について、気温や水の行方に着目して、それらと天気の様子や水の状態変化とを関係付けて調べる活動を通して、次の事項を身に付けることができるよう指導する。
　ア　次のことを理解するとともに、観察、実験などに関する技能を身に付けること。
　(ア) 天気によって1日の気温の変化の仕方に違いがあること。
　(イ) 水は、水面や地面などから蒸発し、水蒸気になって空気中に含まれていくこと。また、空気中の水蒸気は、結露して再び水になって現れることがあること。
　イ　天気や自然界の水の様子について追究する中で、既習の内容や生活経験を基に、天気の様子や水の状態変化と気温や水の行方との関係について、根拠のある予想や仮説を発想し、表現すること。

(学習指導要領解説（理科編）より引用)

　学習指導要領解説（理科編）では、「(イ) 湿った地面が乾くなどの水の行方に着目して、それらと気温とを関係付けて、自然界の水の様子を調べる。これらの活動を通して、自然界の水の行方について、既習の内容や生活経験を基に、根拠のある予想や仮説を発想し、表現するとともに、水は、水面や地面などから蒸発し、水蒸気になって空気中に含まれていくことや、空気中の水蒸気は、結露して再び水になって現れることがあることを捉えるようにする。その際、例えば、水を入れた容器に覆いをしておくと、やがて内側に水滴が付いて曇ってくるといった現象を観察することから、自然界では水面や地面などから水が蒸発していることを捉えるようにする。また、冷えた物を常温の空気中に置くとその表面に水滴が付く現象などから、空気中には蒸発した水が水蒸気として存在していることや、冷やすと結露して再び水になって現れることがあることを捉えるようにする。」と記述されている。

　先述の雨水の行方と地面の様子で学習した、地表面の流れと地下へのしみ込みに加えて、本単元では、水は水面や地面から蒸発し、水蒸気となって空気中に含まれていくことや、結露して再び水となることを学ぶものであり、その内容は「地球の大気と水の循環」に関わるものである。

63

天気が良い日（特に夏場の気温が高い日）には濡れた地面が乾きやすいことは、児童は経験的に知っていると考えられる。夏の雨あがりの後は、大変蒸し暑いことも経験があるはずであり、実証性や再現性の高い観察（経験）から、目には見えない蒸発の効果を体感として理解できるものと考えられる。

　また、水が水蒸気となって空気中に移動する一方、空気が含むことができる水蒸気の量は気温に応じて変化する（温度が上がると飽和水蒸気量は増加し、下がると飽和水蒸気量は低下する）ことは、冷えた飲み物が入った容器に水滴がつく理由でもある。上昇気流で運ばれた空気中の水蒸気が上空で冷やされて、雲の中の雲粒が凍結して大きくなり、やがて雨となって地上に戻ってくることも、これと同様の現象であることを学べば、身の回りで観察される現象が、地球上の水循環を駆動する水の変化と同じものであることを理解でき、自然に対する親しみにもつながるだろう。蒸発と降雨が繰り返されることで、雨が尽きることがない水循環に思いを馳せることで、地上と空気中の水の量の合計は基本的には変わらないだろうという量的・関係的な視点や、身近に観察できる水の相変化を天気の変化と比較し、関係付けることで、地球上の水の動きを時間的・空間的な視点から理解することの第一歩とすることも可能だと考えられる。図-3.2.5は、水循環と流域における水の流れを合わせた概念図である。

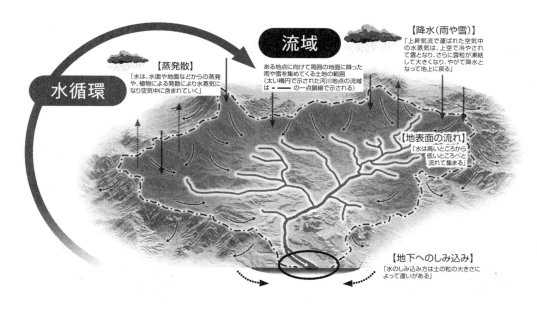

図-3.2.5　水循環と流域の概念図

第3章　理科・社会科編

　なお、水の相変化については、金属、水、空気と温度の単元において、「水は、温度によって水蒸気や氷に変わること。」を学んでおり、学習指導要領解説（理科編）においても、天気の様子の単元における学習との関連を図るように示されている。特に、金属、水、空気と温度の単元では、水は100℃より低い温度でも蒸発することを理解しておくことが重要である。

2.3　第5学年の学習内容への貢献

　第5学年においては、「条件を制御しながら調べる活動を通して、自然の事物・現象について追究する中で、予想や仮説を基に、解決の方法を発想し、表現すること。」が学年を通して育成を目指す問題解決の力として示されている。このような問題解決の力の育成を含めて、第5学年の学習内容への河川・水の学びの貢献を、単元ごとに検討する。

(1) 第5学年　流れる水の働きと土地の変化

　ここでは、流れる水の働きと土地の変化について学ぶ単元における河川・水の学びの貢献について考える。

理科第5学年　流れる水の働きと土地の変化

　流れる水の働きと土地の変化について、水の速さや量に着目して、それらの条件を制御しながら調べる活動を通して、次の事項を身に付けることができるよう指導する。
　　ア　次のことを理解するとともに、観察、実験などに関する技能を身に付けること。
　　（ア）流れる水には、土地を侵食したり、石や土などを運搬したり堆積させたりする
　　　　働きがあること。
　　（イ）川の上流と下流によって、川原の石の大きさや形に違いがあること。
　　（ウ）雨の降り方によって、流れる水の速さや量は変わり、増水により土地の様子が
　　　　大きく変化する場合があること。
　　イ　流れる水の働きについて追究する中で、流れる水の働きと土地の変化との関係に
　　　　ついての予想や仮説を基に、解決の方法を発想し、表現すること。

（学習指導要領解説（理科編）より引用）

学習指導要領解説（理科編）では、「（ア）川を流れる水の速さや量に着目して、そ

れらと土地の変化とを関係付けて、流れる水の働きを調べる。これらの活動を通して、流れる水の働きと土地の変化との関係についての予想や仮説を基に、解決の方法を発想し、表現するとともに、流れる水には、土地を侵食したり、石や土などを運搬したり堆積させたりする働きがあることを捉えるようにする。(イ) 川を流れる水の速さや量に着目して、それらと川原の石の大きさや形とを関係付けて、川の様子の違いを調べる。これらの活動を通して、石の大きさや形と流れる水の働きとの関係についての予想や仮説を基に、解決の方法を発想し、表現するとともに、川の上流と下流によって、川原の石の大きさや形に違いがあることを捉えるようにする。また、上流から下流まで、川を全体として捉え、上流では侵食の働きがよく見られ、下流では堆積の働きがよく見られることなど、流れる水の働きの違いによる川の様子の違いを捉えるようにする。(ウ) 雨が短時間に多量に降ったり、長時間降り続いたりしたときの川を流れる水の速さや量に着目して、水の速さや量といった条件を制御しながら、増水による土地の変化の様子を調べる。これらの活動を通して、水の速さや量の変化に伴う流れる水の働きの変化についての予想や仮説を基に、解決の方法を発想し、表現するとともに、雨の降り方によって、水の速さや量が増し、地面を大きく侵食したり、石や土を多量に運搬したり堆積させたりして、土地の様子が大きく変化する場合があることを捉えるようにする。」と解説されていると共に、内容の取扱いとして、自然災害についても触れることとされている。

また、留意点として、「ここでの指導に当たっては、野外での直接観察のほか、適宜、人工の流れをつくったモデル実験を取り入れて、流れる水の速さや量を変え、土地の変化の様子を調べることで、流れる水の働きについて捉えるようにすることが考えられる。また、流れる水には、土地を侵食したり、石や土などを運搬したり堆積させたりする働きがあることや増水により土地の様子が大きく変化することを捉えるために、第4学年「B (3) 雨水の行方と地面の様子」の学習との関連を図るようにする。さらに、観察、実験の結果と実際の川の様子とを関係付けて捉えたり、長雨や集中豪雨により増水した川の様子を捉えたりするために、映像、図書などの資料を活用することが考えられる。日常生活との関連としては、長雨や集中豪雨がもたらす川の増水による自然災害に触れるようにする。」と記載されている。

この単元では、流れる水が持つ働きについて、土砂を対象にして学ぶことになる。単元自体が、河川・水の学びそのものと言える。まず、ここでは、第4学年の単元「雨水の行方と地面の様子」で学んだ、「水は、高い場所から低い場所へと流れて集まること」という原理を再確認してから学ぶことが望まれる。「雨水の行方と地面の様子」の単元では、「地面の様子」としての地形（地面の凹凸）が、地面に降った雨水を集めて流すこと（土地から水への働き）を学んだのに対して、本単元では、集められて流れる水が有する、土地への働きについて学ぶことになる。地形は流域という範囲を決定し、地面での水の流れを決定する。次に、この結果生じた水の流れは、侵食、運搬、堆積という働きにより、逆に地形を変化させうる。この二つの単元を通して、地形と水の流れは、このような相互作用を及ぼしあっていることを理解させることが望まれる。このような理解は、水土砂災害についての理解につながることも期待できる。

地面を流れる水は、流れに触れるものから力を受けるとともに、その相手に力を及ぼす。水の流れの中に石などのものを置いた場合、水の流れる向きと垂直な面では、流れる向きに押す力が働く。動く物が別の物にぶつかると、ぶつかられた物に力が働くことは、直感的に理解できる。机の上にある軽い本や筆箱を横から突くと、突いた方向に動かすことが可能であるが、本や筆箱が重くなると、手の動きを速めて突く力を強くしないと動かなくなることから、流れる水が、何か物にぶつかった際に、ぶつかられた物が動くかどうかについては、働く力と力を受ける物の重さの関係で決まることが理解できる。

また、流れる向きと平行な面では、流れる向きにずり動かす力が働く。これは、水には粘り気（粘性という）があるためである。机の上にある軽い本や筆箱に手のひらで触れてそのまま手を横に滑らせると、本や筆箱をその方向に動かすことが可能であることは容易に理解できる。本や筆箱が重くなると、手のひらにかける力を強くしないと動かなくなる。「流れる水には、土地を侵食したり、石や土などを運搬したり堆積させたりする働きがあること」は、上記の机の上の本や筆箱を動かす二つの状況に類似しており、水の速さを、突いたりずり動かす手にかける力に対比して考えることで、流れる水の働きを類推することが可能である。

水の速さが大きいほど、大きな力を及ぼすことができるため、より重いもの、比重

が同じであればより大きいものを動かすこと（運搬）が可能である。水の速さが落ちると、動かす力が低下するため、それまで運搬できていたものが運搬できなくなることになる。この結果として生じる事象が堆積である。また、水が触れる相手が土であれば、土の表面が擦られて、はがれた上で運搬される結果として侵食が生じることもある。

　水の働きとしてこの単元で学ぶ、侵食、運搬、堆積という三つの言葉を単に記憶するのではなく、これらは、水が流れる際に触れるものに対して力を及ぼすことにより生じる事象という点において関連しているものであり、水が及ぼす力と、その力が働く相手である石や土がもつ動くことに対する抵抗力（形や重さで決まる）との大小関係でこれらの三つの事象の違いが生じることを理解できるように導けば、水の速さと石や土の条件を制御することで、流れる水の働きの異なる結果として、運搬、堆積、侵食が生じることが理解できるようになる。

　水は、高いところから低いところへ流れることは、第4学年の単元「雨水の行方と地面の様子」で学んでいる。これは、物が下に落ちるのと同じで、水にも重力が働くためである。河川を水が流れることを想定した場合、斜面を物が転がることと同様に、河川の勾配（傾き）が大きいほど、水は速く流れる。河川は一般的に上流の方が勾配が大きいため、上流の方が流れが速い。流れが速いほど、物を動かす力は強くなる。このため上流では、下流に比べて物を運搬する力が大きい。この結果、上流では小さな石や砂は洪水の際に下流に流されてしまい、上流の川原にはあまり残ることができない。上流から流された石や砂のうち比較的大きなものは、下流で水の流れが遅くなると運びきれなくなり、堆積する。洪水のたびにこのような運搬と堆積が繰り返されることで、上流の川原には大きめの石が残り、下流へと下り河川の勾配が緩くなると、勾配が緩いほど小さい石や砂が残ることになる。

　この単元では、まず、流れる水が、触れる物に対して及ぼす力と、触れられた物がもつ動きに抵抗する力との大小関係により、侵食、運搬、堆積という現象が生じることを理解することが望まれる。そして、水の流れが速いほど大きな力を及ぼすことを理解することで、上流で河川の勾配が大きいと水の流速が大きくなり運搬する力が強いことから、その結果として大きい土砂しか川原に残らない（流れる土砂の大きさと川原に残っている土砂の大きさは異なる）ことが理解できると、河川の上流と下流に

存在する土砂の大きさが異なることが理解できるようになる。また、流れる水の量が増えると、運搬することができる土砂の量が増えることを理解するとともに、河川においては、一般的に増水時には水の流れの速度が増加するという知識を習得することで、増水時には水が持つ土砂を運搬する力が大きくなり、より大きな径の土砂を含めて、より多くの土砂を侵食・運搬することが可能となり、土地の変化量も大きくなることや、これが堤防などを損壊することで自然災害につながる可能性が高まることが理解できる。上記のことを自然現象の因果関係の一例として、比較、関係付け、条件制御を通して把握することができれば、第5学年で育成を目指す「条件を制御しながら調べる活動を通して、自然の事物・現象について追及する中で、予想や仮説を基に、解決の方法を発想し、表現すること。」に貢献し、学習者の科学的な理解力の向上につながることが期待できる。

コラム　水の流れが物におよぼす力

　流れが速いと大きい石を動かせるのには、理由がある。水の流れのなかにある石などが、水の流れから受ける力は、流れの速度 v の2乗に比例する。また、水の流れ方向に垂直な面に投射した面積に比例する。これに対して、石などが水から受ける力に抵抗する力は、川底との摩擦力であり、これは石などの重さに比例する。

　簡単のために石の形が直径 d の球だとすると、水の流れ方向に垂直な面に投射した面積は、$\pi d^2/4$ である。重さは密度 ρ と体積から求められ、$\rho \pi d^3/6$ である。水の流れから受ける力は、$v^2 \pi d^2/4$ に比例し、水の流れに抵抗する力は、$\rho \pi d^3/6$ に比例する。この二つの式を見比べると、水から受ける力は、直径の2乗に、抵抗する力は直径の3乗に比例している。このため、水から受ける力と抵抗する力を比較すると、直径が大きい石ほど抵抗する力が大きくなることがわかる。また、流れが速くなると、物を流そうとする力が大きくなることがわかる。小学生に説明することは難しいと思われるが、水の流れが速くなると、物を動かそうとする力が大きくなること、流れから受ける力と動かないように抵抗する力を比べると、材料が同じ場合には小さいものほど動きやすくなるという2点を理解しておくと、流れる水の働きと土地の変化で学ぶ項目を関連付けて理解することが可能となる。

(2) 第5学年　天気の変化

　ここでは、天気の変化について学ぶ単元における河川・水の学びの貢献について考える。

理科第5学年　天気の変化

　天気の変化の仕方について、雲の様子を観測したり、映像などの気象情報を活用したりする中で、雲の量や動きに着目して、それらと天気の変化とを関係付けて調べる活動を通して、次の事項を身に付けることができるよう指導する。

　ア　次のことを理解するとともに、観察、実験などに関する技能を身に付けること。

　（ア）天気の変化は、雲の量や動きと関係があること。

　（イ）天気の変化は、映像などの気象情報を用いて予想できること。

　イ　天気の変化の仕方について追究する中で、天気の変化の仕方と雲の量や動きとの関係についての予想や仮説を基に、解決の方法を発想し、表現すること。

（学習指導要領解説（理科編）より引用）

　学習指導要領解説（理科編）では、「（イ）数日間の雲の量や動きに着目して、それらと気象衛星などから得た雲の量や動きの情報とを関係付けて、天気の変化の仕方を調べる。これらの活動を通して、天気の変化の仕方についての予想や仮説を基に、解決の方法を発想し、表現するとともに、天気はおよそ西から東へ変化していくという規則性があり、映像などの気象情報を用いて予想ができることを捉えるようにする。その際、台風の進路についてはこの規則性が当てはまらないことや、台風がもたらす降雨は短時間に多量になることにも触れるようにする。ここで扱う対象としては、雨に関係する雲として、例えば、乱層雲や積乱雲などが考えられる。ここでの指導に当たっては、身近な自然現象としての雲を観察することにより、気象現象に興味・関心をもち、天気を予想することができるようにする。日常生活との関連としては、長雨や集中豪雨、台風などの気象情報から、自然災害に触れるようにする。」と解説されている。

　本単元は、第4学年で学んだ、「天気の様子」を踏まえて、「地球の大気と水の循環」の学習をさらに進めるものと考えられる。ここで述べられている「長雨や集中豪雨、台風などの気象情報から、自然災害に触れるようにする。」ように導く際には、長雨

や集中豪雨、台風などの気象情報のみではなく、流域における降雨状況を見ることで河川流量との関連を調べることで初めて水害と関係が明確になることや、降雨の分布と急傾斜地等の分布の比較を行うことで、土砂災害の危険性が評価可能となることに留意すべきであろう。水土砂災害のような災害は、豪雨のみが原因となるわけではなく、豪雨を受ける場所の状況を同時に知らなければ、真の原因の理解にはつながらない。水土砂災害の発生原因の理解には、国土交通省が提供している各種の資料の活用が考えられる。大きな水害が発生した際には、国土交通省の地方整備局等が報告を作成しており、多くの資料が、インターネット経由で入手可能である。例えば、2015年に発生した、関東東北豪雨に伴う水害に関して、関東地方整備局が取りまとめた資料には、当時の降雨状況が、天気図やレーダー雨量計による測定結果により示されている他、洪水の状況などが掲載されており、気象（降雨）と洪水発生との関連を理解するのに役立つ（**図-3.2.6**）。「主要洪水時データ検索（http://www1.river.go.jp/flood/damage/）」では、都道府県別に主要洪水時の資料を閲覧できるので、学校所在地に比較的近い地方で発生した水害の状況を参照することで、現実味をもった状況把握につながることが期待できる。また、国土交通省では毎年「水害レポート（https://www.mlit.go.jp/river/pamphlet_jirei/suigai_report/index.html)」という資料を発刊しており、当該年に生じた水害についての概要や、水害を軽減させるための取り組み及び情報について記述されていることから、天気の変化と自然災害の関係を理解する上での参考資料になる。気象衛星やレーダー雨量計等の情報から、雲の量や動きと天気の変化（特に降雨量の変化）の関連を把握するだけでなく、国土交通省が提供している上記の資料を同時に参照することで、気象と自然災害（水土砂災害）との関連についての理解が可能となる。その上で、防災の観点から天気に着目して、被害を回避するための情報の取得には、現在の降雨や河川流量の状況を知ることができる「川の防災情報（https://www.river.go.jp/index）」が役立つことも紹介すると良い。

　土砂災害については、土砂災害とその対策、砂防の役割、災害リスク情報の調査・公表、土砂災害を知る・学ぶ・伝える、国土荒廃を防ぐための法制度、土砂災害の発生状況という六つの項目別に、国土交通省のウェブサイトに整理されているので、適宜利用可能である。（https://www.mlit.go.jp/mizukokudo/sabo/index.html）

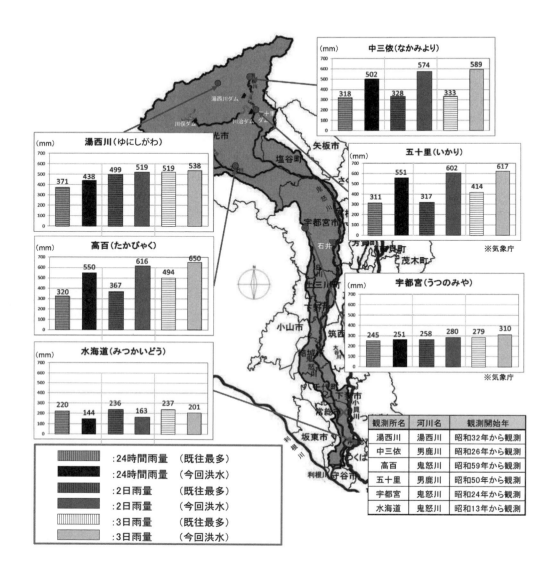

図-3.2.6 国土交通省関東地方整備局：
平成27年9月関東・東北豪雨に係る鬼怒川の洪水被害及び復旧状況について（平成29年4月1日18：00時点）
より抜粋
https://www.ktr.mlit.go.jp/ktr_content/content/000687586.pdf

第3章　理科・社会科 編

2.4　第6学年の学習内容への貢献

　第6学年においては、「多面的に調べる活動を通して、自然の事物・現象について追究する中で、より妥当な考えをつくりだし、表現すること。」が学年を通して育成を目指す問題解決の力として示されている。このような問題解決の力の育成を含めて、第6学年の学習内容への河川・水の学びの貢献を、単元ごとに検討する。

(1)　第6学年　生物と環境

　ここでは、生物と環境について学ぶ単元における河川・水の学びの貢献について考える。

理科第6学年　生物と環境

　生物と環境について、動物や植物の生活を観察したり資料を活用したりする中で、生物と環境との関わりに着目して、それらを多面的に調べる活動を通して、次の事項を身に付けることができるよう指導する。

　　ア　次のことを理解するとともに、観察、実験などに関する技能を身に付けること。

　　　(ア)生物は、水及び空気を通して周囲の環境と関わって生きていること。

　　　(イ)生物の間には、食う食われるという関係があること。

　　　(ウ)人は、環境と関わり、工夫して生活していること。

　　イ　生物と環境について追究する中で、生物と環境との関わりについて、より妥当な考えをつくりだし、表現すること。

（学習指導要領解説（理科編）より引用）

　学習指導要領解説（理科編）では「(ア)動物は、水及び空気がないと生きていくことができないことや、植物は水が不足すると枯れてしまうことなどから、生物と水及び空気との関わりに着目して、それらを多面的に調べる。（中略）生物は水及び空気を通して周囲の環境と関わって生きていることを捉えるようにする。その際、地球上の水は、海や川などから蒸発し、水蒸気や雲となり、雨となるなど循環していることに触れるようにする。（後略）」、「(イ)様々な動物の食べ物に着目して、生物同士の関わりを多面的に調べる。これらの活動を通して、生物同士の関わりについて、より妥

73

当な考えをつくりだし、表現するとともに、植物を食べている動物がいることや、その動物も他の動物に食べられることがあること、生物には食う食われるという関係があるということを捉えるようにする。その際、池や川などの水を採取し、顕微鏡などを使って、水中の小さな生物を観察することにより、魚が、水中にいる小さな生物を食べて生きていることに触れるようにする。」、「(ウ) 人の生活について、環境との関わり方の工夫に着目して、持続可能な環境との関わり方を多面的に調べる。これらの活動を通して、人と環境との関わりについて、より妥当な考えをつくりだし、表現するとともに、人は、環境と関わり、工夫して生活していることを捉えるようにする。その際、人の生活が環境に及ぼす影響を少なくする工夫や、環境から人の生活へ及ぼす影響を少なくする工夫、よりよい関係をつくりだす工夫など、人と環境との関わり方の工夫について考えるようにする。」と解説されている。

　また、「アの (ア) については、水が循環していることにも触れること。」および、「アの (イ) については、水中の小さな生物を観察し、それらが魚などの食べ物になっていることに触れること。」として、内容の取扱いが記載されている。

　本単元においては、まず生物の生存にとって必須な環境としての水と空気について、生物との関わりという視点で捉えることを目指している。水について見ると、水は生物の生存に必要な化合物を溶かして体の中で運ぶこと、熱や老廃物を排泄すること、植物では光合成に必要なことなどからわかるように、生物の生存には、水は不可欠と言える。生物は、水を通して周囲の環境と関わって生きている。生物と水との関わりについて理解するためには、このことを知るとともに、生物の生存に不可欠な水が周囲の環境にどのように存在するかについて理解することが重要といえる。内容の取扱いにおいて、水が地球上を循環していることに触れることと解説にも述べられていることからも理解できるように、水の循環は、生物の生存を左右する極めて重要な自然現象である。第4学年の単元「雨水の行方と地面の様子」、「天気の様子」から、水は、水面や地面などから蒸発し、水蒸気になって空気中に含まれていくこと、また、空気中の水蒸気は水に戻ること、雨水は、地面に到達した後、「地表面の流れ」、「地下へのしみ込み」、また一部は「蒸発散」という大きく分けて三つの行方をとることを学習し理解していれば、地球上の水の循環という自然現象の大まかな姿を把握できてい

ると考えられる。本単元で学ぶ内容の基盤として、河川・水の学びが有用であるといえる。

　地球上の水の循環についての理解に加えて、水の循環が生物の生存を支えていることにまで理解が進めば、水の循環を地球上で生起する無機質な自然現象として捉えるだけでなく、それが生物の生存の基盤を提供する役割を有しているということにまで、知識が広がる。このような学習は、自然の事物・現象を様々な視点から結び付けたり、自然の事物・現象を複数の側面から多面的に考えたりする思考力を育むことにもつながると考えられる。

　河川・水に関係する、人と環境の関わりの中での工夫としては、生活で利用した水を下水道で処理したうえで河川や海に放流していることが挙げられる。生活において電気、ガス、水道は必須のものである。これらのうち電気やガスはエネルギーや熱源として使用した後は、熱や二酸化炭素として大気中に拡散するため、通常の生活においては使用後の処理は不要である。しかし水については、電気やガスとは異なり、ほとんどの場合、使用後も水の形態のまま存在する。使用後の水は通常水質が変化しているため、そのまま流してしまうと、流域内の下流における水質に影響する。このため、都市部を中心に、河川や海などの水域の環境を保全することを目的の一つとして、下水道が整備されており、下水道で集められた排水は下水処理場において処理された後に河川や海に放流されている。人による水利用は、水の循環の一部となっている。水利用は結果として多くの場合、生活や産業に伴う廃物や廃熱を生活環境から外部の環境に排出する行為であり、利用に伴う排水は、河川や海洋などの水域における水質への影響が大きいことから、その影響緩和のために下水道が必要となっていることについて考えることが望まれる。下水道のような人と環境の関わりの中での工夫についての理解が進むことで、自分事として生活において極力水を汚さないように努めることが、環境の保全や生物の保護につながることの理解にもつながることが期待できる。

(2) 第6学年　土地のつくりと変化

　ここでは、土地のつくりと変化について学ぶ単元における河川・水の学びの貢献について考える。

理科第6学年　土地のつくりと変化

　土地のつくりと変化について、土地やその中に含まれる物に着目して、土地のつくりやでき方を多面的に調べる活動を通して、次の事項を身に付けることができるよう指導する。

　　ア　次のことを理解するとともに、観察、実験などに関する技能を身に付けること。

　　　(ア) 土地は、礫、砂、泥、火山灰などからできており、層をつくって広がっているものがあること。また、層には化石が含まれているものがあること。

　　　(イ) 地層は、流れる水の働きや火山の噴火によってできること。

　　　(ウ) 土地は、火山の噴火や地震によって変化すること。

　　イ　土地のつくりと変化について追究する中で、土地のつくりやでき方について、より妥当な考えをつくりだし、表現すること。

（学習指導要領解説（理科編）より引用）

　学習指導要領解説（理科編）では、「(イ) 土地やその中に含まれる物に着目して、粒の大きさや形や色などの特徴から、土地のでき方を多面的に調べる。これらの活動を通して、地層ができた要因について、より妥当な考えをつくりだし、表現するとともに、地層は、流れる水の働きや火山の噴火によってできることを捉えるようにする。その際、地層の中に含まれる丸みを帯びた礫や砂などから、流れる水の働きによってつくられた地層であることを捉えるようにする。また、流れる水の働きでできた岩石として礫岩、砂岩、泥岩を扱うこととする。」と解説されている。

　また、「地層のつくりや、地層が流れる水の働きによってできる場合があることを捉えるために、第4学年「B (3) 雨水の行方と地面の様子」、第5学年「B (3) 流れる水の働きと土地の変化」の学習との関連を図るようにする。」とされている。

　「雨水の行方と地面の様子」で学んだ水の流れ方、さらに「流れる水の働きと土地の変化」で学んだ水の働きとしての侵食、運搬、堆積過程を再確認することで、礫岩、砂岩、泥岩の形成について理解が深まる。水による運搬や、河川において流れる砂や砂利が衝突の結果として、丸みを帯びた礫が形成されること、土砂の大きさにより水による運搬のされやすさが異なることを再確認することで、礫岩の材料となる礫が堆

積するのは、比較的河川の流れが速かった場所であること、砂岩の材料となる砂が堆積するのは、氾濫などで比較的流れが遅くなった場所であること、泥岩の材料となる細かい泥は、水の流れが遅い場所（湖や海など）の底に堆積したと考えられることが理解できる。

　水の働きによる地層の形成という非常に長い期間をかけて起こる現象についても、水の流れや働きが持つ原理により説明できるということの理解は、自然の現象を科学的に理解する力の習得の喜びにもつながると考えられる。

2.5　まとめ

　以上、理科の学習における河川・水の学びの貢献について検討してきた。第4学年の単元「雨水の行方と地面の様子」において、地面における水の流れ方を学ぶ際に、流域という見方・捉え方を理解することで、まず降雨と河川流量とを比較し、関係付けることが可能となることなどについて述べた。また同学年の単元「天気の様子」において学ぶ水の蒸発や結露の理解に基づく自然界の水の様子の理解を通して、地球上の水循環についての理解につながることを述べた。これらの単元における学習の際に、流域と水循環という見方・捉え方が身につくことで、第5学年の単元「流れる水の働きと土地の変化」の学習において、流域における水の流れが、侵食、運搬、堆積過程を通じて土地を変化させるとともに、河川を形成することについて理解することや、第6学年の「土地のつくりと変化」で学ぶ、水の働きによる地層の形成過程の理解に無理なくつなげることが可能になると考えられる。また、第5学年で学ぶ「天気の変化」において、「長雨や集中豪雨、台風などの気象情報から自然災害に触れるようにする」とされているが、気象情報だけでなく、流域の情報も同時に知ることで初めて水土砂災害と豪雨との関連性が明確になる。さらに、第6学年で学ぶ「生物と環境」において、生物と水との関わりや環境と人との水を通した関わりについて学ぶ際にも、流域と水循環についての理解が役立つと考えられる。

　本節で検討してきた様に、理科の学習において、河川・水の学びの代表的な事柄である流域と水循環という見方・捉え方を導入することで、主に上記単元の学習を中心

に単元ごとの学習の理解を促進するだけでなく、各単元の学習内容を関連付けながら学ぶことに貢献することがわかる。

　河川とその流域を基盤にして、上記各単元における学習内容が関連付けられることで、河川とその流域という一つの系（システム）において発現する多様な要素（水や土砂の流れ、それに伴う土地の変化、生物と水の関わり、環境と人との水を通した関わり等）が関連付けられるとともに、河川と流域という系（システム）の特徴についての理解や想定も促進される。**このように要素の機能や関連性を理解しながら、要素が全体としての系（システム）の特徴を構成する様を理解するという思考は、システム思考と呼ぶことができる。システム思考による思考力が身に付くことは、複雑な事象の理解を進めるうえで役立つものであり、将来的により高度な科学を学ぶ際の基盤となると考えられる。**

第3章　理科・社会科 編

第3節　社会科への貢献

3.1　概説

　小学校学習指導要領（平成29年告示）解説　社会編（以下、学習指導要領解説（社会編）という）で明らかにされている目標は、「社会的な見方・考え方を働かせ、課題を追究したり解決したりする活動を通して、グローバル化する国際社会に主体的に生きる平和で民主的な国家及び社会の形成者に必要な公民としての資質・能力の基礎」を養うことであり、社会科においては、「身近な地域」、「都道府県の様子」、「我が国の国土の様子」、「自然災害、自然環境」等の内容について学ぶことを通して目標を目指すとされている。

　このような目標を持つ社会科の学習での河川・水の学びの活用は、自分の身近にある地形や河川・水に関わる様子を調べることから始まり、地域の地形の特徴と河川・水との関わりをもとにして、地域の地形と土地利用の関係や様々な身近な社会的事象の持つ意味を見つけ理解するとともに、事象相互のつながりや関係についての学びにつなげることに役立つ。特に、地域での災害、とりわけ頻発する水害や、地域の河川の水質の悪化といった現代的諸課題の生じる背景や過程、さらには課題への対策のもつ役割を知ることを通して自らの関わりと自らの取り組みについての理解を深めることにつながる。また、河川・水の学びにより、現代的諸課題の生じる背景や過程を通して身近な問題として捉えることは、社会的な見方・考え方を働かせ、自らが社会の形成者であることへの具体的な理解を促す。

　河川・水の学びは、身近な地域の土地の様子である地形の高いところや低いところとともに河川がどこにあるかを知り、そして河川の水の流れる方向を調べたりして、河川に注目して地形の特徴を整理することからはじまる。地形の高いところや低いところを見ると、河川は地形の高低の中でも特に低いところにあり、降った雨は地形の

高いところから低いほうに流れ、この低いところにある河川に集まり流れていくことがわかる。また、この低いところにある河川に沿って低く平らな土地が続いており、河川から離れるにしたがって土地の高さが高くなっていくという地形と河川の関係やその特徴への気付きが最初の一歩になる。また、**身近な河川を流れる水は河川の上流から集まって流れてくることと、降った雨が集まってくる範囲は地形によって決まり、降った雨や河川の水の流れを決めているという地形の働きが見えてくる。この降った雨を集めるという地形の働きへの気付きが、土地の上の水の動きの理解や水の動きが土地利用に及ぼす影響の理解にもつながる。降った雨を集める範囲が流域であり、流域という地形の捉え方を習得しておくことで、土地の様々な様子の理解と合わせて土地が形づくられる理由にまで理解が深まる。**

　このような地形の特徴と河川・水との関係をもとにして、学びの対象となる地域の土地利用と地形が持つ種々の関係の理解につなげることができる。身近な河川に沿って低い平らな土地が続き、河川から離れるにしたがって土地の高さが高くなっていくという地形の特徴をもとに、河川が運んだ土砂により平野が形成されることや、水の利用が容易な低地で水田が作られたことや、平らで広い土地は様々な目的に使いやすいことから水田とともに住宅や町が広がっていること、広い土地ほどたくさんの人が住み産業が集まっている等の地形と土地利用の関係を見つけることができる。さらに、この地形と土地利用の関係を身近な地域から都道府県やさらに国土全体へと空間的に広げていくにあたり、身近な空間からの連続的なつながりとして実感をもって理解することに貢献できる。さらに、この地形の特徴から、古くからの水田が住宅や工場等に変わってきていること等の土地利用の時間的な推移とともに、先人による地域の発展や水害対策への取り組みとその役割の理解につなげていくことができる。

　また、**流域という地形の捉え方が可能となることで、流域に降った雨が集まって地域の河川を流れ、この量が多くなると河川からあふれて水害を起こすという、降雨から水害発生に至る過程や原因の理解や、自分たちが使う水は河川のどこからきていて、自分たちが使って汚れた水はどこに流れていくかという、地域の水循環ともいえる地域で使う水の流れる過程の理解につながる。この理解は、地域の河川の氾濫による水害や河川の水質の汚濁といった現代的諸課題について、自らの生活との関係のもとで**

実感をもって知り、課題や課題への対策と自らの関わりを知ることを通じて、自分事として考える学習に貢献すると期待される。

　まず、水害についての学びでは、流域に降った雨を集め下流に流していくという地形と河川の働きについての理解をもとに、河川と洪水の関係を通じて、水害が起こる過程となぜ起こるのかの理解につなげることができ、水害による被害の程度や危なさは地形や土地の高低に大きく影響されることを知ることができる。さらに、水害を防ぐために多くの機関等で行われている対策の役割や意味の理解にとどまらず、いざという時に自ら身の回りの危険な状況を受け止め、避難行動の必要性や危険な場所や安全な場所を知るという自分事としての水害への理解を通し、水害発生時に必要となる自らの行動とその選択に向けた理解が可能となるように貢献できる。また、こうした学習は身近な地域の流域から隣り合う流域へ、県全体から国土全体の状況へ広げていくことができ、地形と流域を通じた国土の特徴の理解と土地利用や水害を合わせた学びに展開できる。さらには、身近な地域での気候変動による水害の状況や対策についての理解を、国際的な災害の状況や対策についてまで発展させて、自分事として理解していくことができる。

　次に、河川の水質の汚れについて考えてみる。河川の水は多くの人々の飲み水になり、水田に使われ、工場での様々な製品を生産するために使われるが、使った水は、もう一度河川に戻る。この様なことを学ぶことで、流域内において、上流から下流にかけて繰り返し使われているという水の利用の過程、地域の水循環ともいえる過程を知ることができる。これを理解できれば、河川の水の利用を通じて様々な汚濁物が一緒に流されることにより河川の水質に影響を与えるということから、下水道が果たしている役割を理解し、地域での水循環と自らの関わりを自分事として捉えることができる。さらに、身近な河川を流れている水はどの範囲に降った雨が集まって流れてくるかということの理解が進めば、その範囲に雨が降らなければ河川の水が減り、無くなってしまい、水道からの飲み水が使えなくなることがあるということを知ることができる。このように、自らの生活と飲み水についてのしくみや河川の水質との関係を知ることにより、河川の水質汚濁のような現代的課題とその対策についての自らの関わりを含めた深い理解とともに、対策に向けた地域や自らの役割を理解することにつ

ながる。

　このように社会科の学習において活用が可能な地域の土地の様子である地形とその働きとしての流域という見方は、4年生理科で学ぶ、水は高いところから低いところへ集まって流れるということから導かれる流域の概念と対応するものであり、社会的事象である水害や河川の水質を対象とした廃棄物処理や地域の環境に関する現代的な課題についての理解が、理科で学んだ自然現象の量的な現象の理解とを関係付けることで進むことがわかる。このように、社会科における単元の学習がより効果的になるだけで無く、河川・水の学びは、社会科と理科それぞれの理解を教科等横断的に深めていくことへの貢献が期待できる。

　また、河川や水を活用した学びにあっては、現地の調査や地図の上の地形と河川の関係をもとに、降った雨が河川に集まってくる範囲を決める地形の働きとしての流域の捉え方をもとに、様々な土地利用の広がりやつながりとともに自ら関心のある事象を比べ重ねてみることによって新たな気付きが得られていく。さらには、様々な土地利用や自分の家や学校等の建物のもつ水害の起こりやすさや、水害が起きた場合の被害の大きさといった具体的な社会的な課題について、地図の上での重ね合わせを通して自らの関わりへの気付きや学びが可能になる。

　このような実感を伴う身近な地域の地形や河川からはじまり、地図や関連する情報を利用して全国に展開していくにあたり、地形図等の地図や土地の利用や河川や水に関する情報や地図については、デジタル地図や河川・水に関わる情報がほぼ全国を対象に入手可能であり、児童が自ら河川の流域とその範囲をデジタル地図上に容易に示すことができる手法や情報も用意されてきている。こうした地図やデジタル情報は、関係の行政機関や研究機関を通じて全国どこでも切れ目なくしかも容易に手に入れ使うことができ、河川・水の学びを支えることができるようになっている。

　以下の項では、社会科において河川・水の学びの貢献が大きいと考えられる単元ごとに、それらの単元における河川・水の活用が望まれる理由とともに活用方法について具体的に述べる。

第3章　理科・社会科 編

3.2　第3学年の学習内容への貢献

(1) 第3学年　身近な地域や自分たちの市区町村の様子

社会科第3学年　身近な地域や自分たちの市区町村の様子

(1)　身近な地域や市区町村の様子について、学習の問題を追究・解決する活動を通して、次の事項を身に付けることができるよう指導する。

　ア 次のような知識及び技能を身に付けること。

　　(ｱ) 身近な地域や自分たちの市の様子を大まかに理解すること。

　　(ｲ) 観察・調査したり地図などの資料で調べたりして、白地図などにまとめること。

　イ 次のような思考力、判断力、表現力等を身に付けること。

　　(ｱ) 都道府県内における市の位置、市の地形や土地利用、交通の広がり、市役所など主な公共施設の場所と働き、古くから残る建造物の分布などに着目して、身近な地域や市の様子を捉え、場所による違いを考え、表現すること。

　　　　　　　　　　　　　　　　　　　　（学習指導要領解説（社会編）より引用）

　学習指導要領解説（社会編）では、都道府県内における市の位置、市の地形や土地利用、交通の広がり、市役所など主な公共施設の場所と働き、古くから残る建造物の分布などに着目して、観察・調査したり地図などの資料で調べたりして、白地図などにまとめ、身近な地域や市の様子を捉え、場所による違いを考え、表現することを通して、身近な地域や自分たちの市の様子を大まかに理解できるようにすることであると例示している。

　身近な地域や市の様子を調べ、地域の場所による違いを捉えるとともに考え表現していくにあたり、地形は地域の自然の成り立ちとその特徴を示すことから、地域の様子を調べていくにあたっての基盤ともいえる役割を持っている。この地形を基盤にして地域の様子をみていくことで、地域での様々な社会的事象や活動の様子や地形を介したその相互の関係を理解していくことにつなげることができる。

　具体的には、学校の校舎の屋上や学校近くの山の上や高い建物等からの眺望によって、地域の水田や畑、住宅や商店街、市役所や消防署、駅や鉄道や道路、河川や水路等がどこにあるだろうかといった地域の様子を調べるにあたり、土地の高いとこ

ろ、低いところ、平らなところ、斜面といった地域の地形の特徴と結び付けた捉え方が、地形と土地利用の関係の学びの入口になる。地形の特徴については、学習指導要領解説（社会編）で示されている様に、身近な地形に着目し、地形の高いところと低いところがどのようにつながり広がっているかを調べてみるとともに、河川に沿った低い平らな地形は、河川から離れていくにしたがって土地はだんだんに高くなっていくことや、この平らな土地は河川の上流や下流に続いており、下流に行くほど、海に近づくほど広くなっている等の土地の特徴とそのつながりについての理解をもとに土地利用との関係の学習を深めることができる。さらに、河川の上流、中流、下流といった地域のつながりを通して全体を理解するとともに、全体から部分への理解する思考力等の習得が期待できる。

　また、高いところから眺望した地域の土地利用と地形との関係を改めて調べてみることにより、平らで広い土地はいろいろな目的に使いやすいことから、水田で使われるだけでなく住宅地や商店街・工場・倉庫等の様々な用途に使われ、川から離れてだんだん高くなる丘陵や上流の山地部は、畑や森林に使われていることが多いことを理解できる。また、道路や鉄道の経路は河川や海岸沿いにあることが多く、地形との関係も見て取れる。このように地域や市の様子を捉える際に、地形を基盤に河川に着目し、地域の様子とその推移を自ら工夫し調べまとめていくと、地域の地形の特徴と土地利用との相互の関係や場所による違いや類似点、さらには昔からどのように土地利用が変わってきたかなどについて身近な地域の様子について、実感をもって捉え理解することができる。

　このような河川・水の学びは、身近な地域の様子を自らの調査により具体的に理解し、その特徴や相違点について捉え表現していく学びの入り口になるとともに、身近な地域の様子の学びから地域の固有な特徴とともに、地域相互に共通な普遍的ともいえる特徴への気付きが養われるという理解が期待される。さらに、こうした学校や自分の家の身近な地形を調べ、身近な地域の土地利用と地形の特徴についての学びは、土地の高低や平らな川に沿った平らな土地のつながりについての理解を空間的に広げていくことで、第4学年の都道府県の様子や第5学年の国土の様子の学びに連続的に展開していくことができる。

第3章　理科・社会科 編

　なお、地形と河川の関わりについて必ずしも身近にわかりやすい地形や典型的な特徴を示す箇所や場所がない場合もあるが、身近な場所から空間を順次広げていくことで、河川に辿り着き、そこから上流に向け水源地の山まで遡り、下流に向かって海に至ることで、地形の働きによる流域と河川の様々な関係を見つけることができる。

　このような河川・水の学びによる学習における様々な資料とアプローチの例を以下に示す。

アプローチ 3A　地形に着目して、学校の周りの様子を眺望することで、身近な地域の地形や土地利用に関心をもつ

〈主な活動〉

○学校の周りを眺望して気付いた地形や土地利用の様子を地図に書き込む。

○学校の周りの様子について話し合い、学習問題をつくる。

○学習問題の解決に向けて予想や学習計画を立てる。

○身近な地域の地形や土地利用について調べる。

〈アプローチから得られる学びや気付きの例〉

・土地の高いところ低いところ、平らなところ、斜面などの地形の様子。

・人や建物が多く集まっている場所や水田や畑、森林が広がっている場所などの様子の違い。

・河川は土地の高いところから低いところへと流れていることや河川に沿って地形が変化していることなど、地形と河川との大まかな関係。

・低くて平らな土地は、水田、住宅、工場や倉庫、商店街等の町など、いろいろな使い方がされていることなど、地形と土地利用との大まかな関係。

アプローチ 3B　河川に着目して、河川と地形との関係を考える

〈主な活動〉

○河川に着目して、市の土地の高さや広がりの様子について調べる。

〈アプローチから得られる学びや気付きの例〉

・河川に沿った土地は、周囲の土地よりも低く平らなところが多いこと。

・上流は、低く平らな土地はほとんどなく、山に囲まれている。中流は、盆地や丘陵な

ど小高くなった土地が見られ、下流に行くほど（海に近づくほど）平らな土地が広がっている。このように河川に沿った土地は上流、中流、下流へとつながり変化していくこと。

アプローチ
3C　　**河川に着目して、河川と土地利用との関係を考える**

〈主な活動〉
○河川に着目して、身近な地域や市の土地利用の様子について調べる。

〈アプローチから得られる学びや気付きの例〉
・河川に沿っている土地は、水田、住宅、工場や倉庫、商店街等の町など、いろいろな使い方がされていること。
・上流では、林業や果樹園、お茶畑の栽培が行われていたり、下流に行くほど、住宅地や商店街が広がり、畑よりも水田が多くなっていたりすること。

アプローチ
3D　　**河川に着目して、河川と交通の広がりとの関係を考える**

〈主な活動〉
○河川に着目して、身近な地域や市の交通の広がりについて調べる。

〈アプローチから得られる学びや気付きの例〉
・古くに造られた道路や鉄道は、河川に沿った土地に造られていること。
・下流の土地では、交通網が広がっていること。
・橋は河川の対岸をつなぎ、河川によって分けられた地域同士をつなぐ役割をもつこと。
・河川を遡ると山地となり峠がある。トンネルは、峠によって分けられた地域同士をつなぐ役割をもつこと。

アプローチ
3E　　**河川に着目して捉えた地形と土地利用や交通の広がりとを関連付けることを通して、身近な地域や市区町村の特色を考える**

〈主な活動〉
○調べたことをもとに学習問題について話し合う。
○市の特色について図や文、白地図などにまとめる。

〈アプローチから得られる学びや気付きの例〉
・河川に沿った低くて平らな土地は、水田、住宅、工場や倉庫、商店街等の町など、い

ろいろな使い方がされており、広いところほどたくさんの水田や住宅などがあること。

・河川に沿った低い土地より高い土地では水田が少なく、畑が多くなっていること。

・河川に沿った平らな土地に水田が多いのは、水田に水が必要だからであるということ。

・山や丘は森林が多く、林業や果樹園、お茶畑の栽培が行われていること。

・河川の下流の開けた土地では、交通網が広がっていること。

・古くに造られた道路や鉄道は河川に沿った低く平らな土地に造られていること。

・現代は橋やトンネルなどを利用して、厳しい地形の条件のところにも道路や鉄道が造られていること。

・橋は、河川の対岸をつなぎ、河川によって分けられた地域同士をつなぐ役割をもつこと。

・河川を遡ると山地となり峠がある。トンネルは、峠によって分けられた地域同士をつなぐ役割をもつこと。

(2) 第3学年 市の様子の移り変わり

社会科第3学年　市の様子の移り変わり

(4)　市の様子の移り変わりについて、学習の問題を追究・解決する活動を通して、次の事項を身に付けることができるよう指導する。

　ア　次のような知識及び技能を身に付けること。

　　(ア)　市や人々の生活の様子は、時間の経過に伴い、移り変わってきたことを理解すること。

　　(イ)　聞き取り調査をしたり地図などの資料で調べたりして、年表などにまとめること。

　イ　次のような思考力、判断力、表現力等を身に付けること。

　　(ア)　交通や公共施設、土地利用や人口、生活の道具などの時期による違いに着目して、市や人々の生活の様子を捉え、それらの変化を考え、表現すること。

（学習指導要領解説（社会編）より引用）

　学習指導要領解説（社会編）では、主として「歴史と人々の生活」に区分されるものであり、市の様子の移り変わりについての学習で身に付ける事項を示している。市の様子の移り変わりとは、自分たちの市において、交通や公共施設が整備されたり人口が増えたり、土地利用の様子が変わったりしてきたこと、それらに伴い市や人々の生活の様子が変化してきたことを指しているとしている。

こうした移り変わりの中で、河川・水の学びに関わる移り変わりの事例として、水田であった土地から住宅地や工場への土地利用の移り変わりがある。水田は、その成り立ちから平らで低い土地が使われ、河川からの水が利用しやすい河川に近いところを中心に立地してきている。

　一方、日本の経済が発展した時期には都市の人口が増え、こうした人々のため、新たな住宅地を都市の近郊に造っていく必要があり、主に都市近郊の河川に沿った平らな低地の水田や丘陵で開発が行われ、町が広がっていった。しかし、水田はその成り立ちからして、河川の氾濫による水害の被害を受けやすく、住宅地となっても水害を受けやすいという条件は変わらない。このため、こうした地域では水害を頻繁に被り、多くの地域で河川の堤防の整備等が行われ今日に至っている。

　また、住宅地などの都市となった地域では自らの住んでいる地域の土地の高低や河川との距離といった地形等の自然の条件を実感することが難しく、災害への危険の程度等を感覚的に理解することが難しい。このため、このような地域では、以前の土地利用を学ぶことを通じて、自分たちが暮らしているところは、昔は水田だったところであるとか池や海の埋め立て地である等の学びを通じて、直感的に理解しにくい周囲の地形と関係する土地の使いやすさや災害などとの関係をあらためて知ることにつなげることができる。

　なお、こうした土地利用等の移り変わりは、地域の地形や河川を示した地図に時期ごと地域ごとに人口や住宅の増えた様子を重ねていくことで調べることができ、ここにこれまでの水害被害状況やハザードマップを重ねることで、今日における地域の水害への安全性や危険性の程度の理解につなげていくことができる。

　このような河川・水の学びによる学習における様々な資料とアプローチの例を以下に示す。

アプローチ
3F
〈主な活動〉

河川に着目して捉えた地形と人口の変化、人口が増加した時の土地利用の変化との関係を考える

○身近な地域の人口の変化について調べる。

○身近な地域の人口が増加した時の土地利用の変化について調べる。

〈アプローチから得られる学びや気付きの例〉

・河川に沿った低い土地（水田や丘陵）で開発が行われ、多くの人々が移り住むようになったこと。

・平地にある市街地や商店街は、昔水田だったところが多いこと。

アプローチ 3G 河川に着目して捉えた地形の様子をもとに、交通の広がりの変化を考える

〈主な活動〉

○身近な地域の交通の変化について調べる。

〈アプローチから得られる学びや気付きの例〉

・昔は船で川の上流と下流を結び、人や物を運び、結びつけていたこと。

・古くに造られた道路や鉄道は河川に沿った低く平らな造りやすい土地に造られていること。

・現代は橋やトンネルなどを利用して、厳しい地形の条件をもつ土地にも道路や鉄道が造られていること。

・橋は河川の対岸をつなぎ、河川によって分けられた地域同士をつなぐ役割をもつこと。

・河川を遡ると山地となり峠がある。トンネルは、峠によって分けられた地域同士をつなぐ役割をもつこと。

3.3 第4学年の学習内容への貢献

(1) 第4学年　都道府県の様子

社会科第4学年　都道府県の様子

(1)　都道府県の様子について、学習の問題を追究・解決する活動を通して、次の事項を身に付けることができるよう指導する。

　ア　次のような知識及び技能を身に付けること。

　　(ア) 自分たちの県の地理的環境の概要を理解すること。また、47都道府県の名称と位置を理解すること。

　　(イ) 地図帳や各種の資料で調べ、白地図などにまとめること。

　イ　次のような思考力、判断力、表現力等を身に付けること。

　　(ア) 我が国における自分たちの県の位置、県全体の地形や主な産業の分布、交通網や主な都市の位置などに着目して、県の様子を捉え、地理的環境の特色を考え、表現すること。

（学習指導要領解説（社会編）より引用）

　学習指導要領解説（社会編）では、都道府県の様子とは自分たちの県の位置や地形、産業や交通、主な都市の位置などの概要を指しているとしている。また、自分たちの県の地理的環境の概要を理解することとは、国内における自分たちの県の位置、隣接する県との位置関係、県全体の地形や主な産業、交通網の様子や主な都市の位置などを基に、都道府県の様子について理解することであるとしている。

　このような自分たちの県の地理的環境の概要を理解していくにあたり、第3学年での身近な地域や自分たちの市町村の様子の学習で示した地形と土地利用の関係についての見方に加え、地形のもつ降った雨を集めて河川の流れを形成する働きとこの範囲である流域をもとに、地形の見方としての流域と河川に着目した地形の捉え方により、地域の様子や地形と土地利用の関係や特徴を考えていく学びにより、身近な地域での地形と土地利用の関係性の理解を県全体の地理的環境の理解へと広げていくことが期待される。

　具体的には、まず、身近な地域の地形の高低差や河川の流れと河川沿いの平らで低い土地に着目し、どの範囲に降った雨が身近な河川に集まってくるのかを調査や地図

によって調べ、自らが直接関わる流域とその範囲を知ることから始める。次に河川を上流に遡り山地に至り、また逆に河川を下流に海まで至る様子を理解することを通じて、着目する地形を空間的に広げ、上流、中流、下流というつながりとその様子や地形との関係に気付くことができると、河川に沿った地形は、上流の山地では谷のような地形から始まり、山地から平地に出て平坦な土地がはじまるところには扇型の扇状地と呼ばれる斜面の土地が広がり、さらに丘陵地や台地をへて、広い平らな土地をへて海に至ることが多いことがわかる。このような、河川と地形の相互の関係や地形の成り立ちにも関わる地形の広がりやつながりについて気付き、これを県内に広げていくことで、このような基本となる地形が担っている県の地形の構造ともいえる骨組みを理解することができる。

　さらに、このような流域と河川による地形の捉え方を通した身近な地域の様子についての理解を、より大きな流域や隣り合う流域に広げ、県全体に広げていくことにより、県全体がいくつもの流域で構成されていること、いくつもの河川の上流から下流へとの地形のつながりが県内に存在し、こうした地形による県の構造が土地利用などの基盤を形づくっていることの理解を通じて、県内の地形と対応する土地利用等の広がりや分布を通じた県の様子の理解となる。そして、こうした地形の河川ごとの特徴や共通性とともに土地利用との関係や、自らが暮らしている地域と他の地域との土地利用の違いや共通性がなぜ生じているのかという条件や特色を考え表現していくことが、より深い地理的環境の理解につながって行く。

　具体的な地形と土地利用の関係を見ていくと、山地部では森林としての利用が多く、農地としての利用はあまりされておらず、丘陵地や台地では畑や果樹園が主で川沿いに水田が広がっていること、そして、下流の平地には水田と市街地が広がっている状況を見て取ることができる。このような川に沿った低くて平らな土地や丘陵や山地等の県全体での分布とともに、県全体がいくつもの河川の流域で構成されているという県全体の地形の特徴の理解のもとで、主要な都市の位置や人口の集中している地域や交通網の位置等と地形との関係を整理し、その特徴や関係性について気付き考えていくことができる。

　さらに、このような地形と土地利用の関係をもとにして、水田は川沿いの低くて平

らな広い土地に広がっていることや、こうした水田はこれまでに住宅・商店街や工場・倉庫等に使われるようになってきたという土地の様子の移り変わりとともに、平らな土地が広いほど多くの人々が集まって生活していること等の気付きを通じて、人々は地形や河川を上手に利用して生活や産業などを営んできていることを、実感をもって学ぶことが期待される。

　また、自然災害から人々を守る活動や人々の健康や生活環境を支える事業といった第4学年で学習する単元において、水害対策や飲み水・下水道等に関して学ぶ場合、これらの社会的課題の生じる背景や過程、課題に対して取り組まれている対策の意味や役割を自らの生活との関わりの中での学びが、こうした地形の働きとしての流域や河川に着目した県の地理的環境についての学びの入口となることが期待される。

　このような学びを進めていくためのアプローチの例を示す。

アプローチ 4A　流域や河川に着目した地形の見方で、県の地形の様子を捉える

〈主な活動〉
○流域や河川に着目して、県の地形の様子について調べる。

〈アプローチから得られる学びや気付きの例〉
・県内を流れる河川やその河川の流域の広がり。
・河川の下流部で海に近いところには平野と呼ばれる平らな広い土地が広がり、大きな河川ほど下流の平野は広いこと。
・どの流域においても、河川に応じた地形の変化には同じような傾向があること。

アプローチ 4B　流域や河川に着目して、県の土地利用の様子を捉える

〈主な活動〉
○流域や河川に着目して、県の土地利用の様子について調べる。

〈アプローチから得られる学びや気付きの例〉
・河川に沿った土地は、水田、住宅、工場や倉庫、商店街等の町など、いろいろな使い方がされていること。
・上流は森林としての利用が多く、農地としての利用はあまりされておらず、中流では

第3章 理科・社会科 編

畑や果樹園が主で川沿いに水田が広がっていること。下流の土地は水田や市街地などいろいろな使い方がされていること。
・どの流域においても、河川に応じた土地利用の変化には同じような傾向があること。
・人口が集中している市は、流域（河川）の下流や河口にあることが多いこと。
・産業の盛んな市は、産業の種類によって傾向が異なること。上流は森林としての利用が多く農地としての利用はあまりされていないこと。中流は畑や果樹園が主で川沿いに水田が広がっていること。下流では水田が広がり稲作が盛んであること。下流や河口部においては工場が多く見られる傾向があることなど流域や河川と産業との関係。

アプローチ 4C　流域や河川に着目して捉えた地形と県内の交通網の様子とを関連付けることを通して、県内の交通網の特色について捉える

〈主な活動〉
○流域や河川に着目して、県内の交通網について調べる。
○地形と県内の交通網の様子とを関連付け、県内の交通網の特色を考える。

〈アプローチから得られる学びや気付きの例〉
・河川の下流の開けた土地では、交通網が広がっていること。
・古くに造られた道路や鉄道は、河川に沿った低く平らな造りやすい土地に造られていること。
・現代は橋やトンネルなどを利用して、厳しい地形の条件をもつ土地にも道路や鉄道が造られていること。
・橋は河川の対岸をつなぎ、河川によって分けられた地域同士をつなぐ役割をもつこと。
・河川を遡ると山地となり峠がある。トンネルは、峠によって分けられた地域同士をつなぐ役割をもつこと。

アプローチ 4D　流域や河川に着目して捉えた地形と土地利用や交通の広がりとを関連付けることを通して、県の特色を考える

〈主な活動〉
○流域や河川に着目して、学習問題について話し合う。（地形と土地利用を中心に）
○県の特色について図や文、白地図などにまとめる。（地形と土地利用を中心に）

〈アプローチから得られる学びや気付きの例〉
・流域内の上流では、山地が広がり森林などとしての利用が多く、農地としての利用はあまりされていないこと。丘陵地や台地では（水はけがよく）畑や果樹園として主に使われており、河川沿いには水田もあること。下流の平地には水田と市街地が広がってい

93

ること。下流に行くほど低く平らな土地は広がり、そうした土地はいろいろな使い方が
されており、多くの人々が生活していること。

・人口が集中している都市は、河川や流域の下流や河口である平地に広がっていること
が多いこと。

・町と町をつなげるように交通網が広がっていること。

・古くに造られた道路や鉄道は、河川に沿った低く平らな土地に造られていること。

・現代は橋やトンネルなどを利用して、厳しい地形の条件のところにも道路や鉄道が造
られていること。

・橋は、河川の対岸をつなぎ、河川によって分けられた地域同士をつなぐ役割をもつこと。

・河川を遡ると山地となり峠がある。トンネルは、峠によって分けられた地域同士をつ
なぐ役割をもつこと。

・高速道路の沿線には、工業団地や流通団地が広がっていること。

・人や社会は、河川や地形を利用して生活や産業を営んでいること。

(2) 第4学年　人々の健康や生活環境を支える事業

社会科第4学年　人々の健康や生活環境を支える事業

(2)　人々の健康や生活環境を支える事業について、学習の問題を追究・解決する活動を
通して、次の事項を身に付けることができるよう指導する。

　ア　次のような知識及び技能を身に付けること。

　　(ｱ)　飲料水、電気、ガスを供給する事業は、安全で安定的に供給できるよう進めら
　　　れていることや、地域の人々の健康な生活の維持と向上に役立っていることを理
　　　解すること。

　　(ｲ)　廃棄物を処理する事業は、衛生的な処理や資源の有効利用ができるよう進めら
　　　れていることや、生活環境の維持と向上に役立っていることを理解すること。

　　(ｳ)　見学・調査したり地図などの資料で調べたりして、まとめること。

　イ　次のような思考力、判断力、表現力等を身に付けること。

　　(ｱ)　供給の仕組みや経路、県内外の人々の協力などに着目して、飲料水、電気、ガ
　　　スの供給のための事業の様子を捉え、それらの事業が果たす役割を考え、表現す
　　　ること。

　　(ｲ)　処理の仕組みや再利用、県内外の人々の協力などに着目して、廃棄物の処理の
　　　ための事業の様子を捉え、その事業が果たす役割を考え、表現すること。

（学習指導要領解説（社会編）より引用）

学習指導要領解説（社会編）では、供給のしくみや経路、県内外の人々の協力などに着目して、飲料水、電気、ガスの供給のための事業の様子を捉え、それらの事業の果たす役割を考え表現することを通して、飲料水、電気、ガスを供給する事業は、安全で安定的に供給できるように進められていることや、地域の人々の健康な生活の維持と向上に役立っていることを理解できるようにするとしている。また、廃棄物の処理に関する内容については、処理のしくみや再利用、県内外の人々の協力などに着目して、廃棄物の処理のための事業の様子を捉え、その事業が果たす役割を考え、表現することを通して、廃棄物を処理する事業は、衛生的な処理や資源の有効利用ができるように進められていることや、生活環境の維持と向上に役立っていることを理解できるようにするとしている。

　このような人々の健康や生活環境を支える事業である飲料水に関わる供給のしくみや廃棄物の処理に係る下水の処理の学びを同時に行えば、地域で生活に使われている飲料水や産業に使われる水がどこからどのような経路で来ているかという供給に至る経路と、使われ汚れた水が流れ、下水道によって処理され再び流れていく経路を連続している一つの系の中の活動として捉えることができる。そして、このような地上における水循環について浄水場や下水処理場の位置を調べることを通じて、その役割を理解することができるとともに、仮にこうした事業がない場合には河川の水質や飲み水にどんなことが起きる可能性があるかについても実感をもって知ることができ、水質の汚濁といった社会的課題と自らの関わりという深い理解に貢献できる。

　具体的には、地形の働きとしての流域と河川に着目した地形の捉え方により、水道水の浄水場から学校や自分の家までの経路や使われた水の下水処理場までの経路に加え、浄水場から水の流れを遡り、上水の河川での取水地点から上流の山地の森林にまで至るとともに、生活で使われ汚れた水が下水処理場で処理され河川に至り、さらに海にまで至る経路をたどる、経路を連続したものとして調べることからはじめる。このように、連続した地上の水循環として捉えることで、飲み水の水質の品質や安全性を守ることや、生活で使い汚れた下水の処理が必要なことが身近な水の流れから実感をもって理解することができる。そしてこの理解は、水の経路である水循環の系における飲料水の供給や下水処理に関わる事業がどのような位置にあるのかを知ることで、事業の必要性や担っている役割の具体的な理解につながる。さらにはこうした事業が

ない場合にはどのようなことが起きる可能性があるのかについて考えることにより、河川の水質汚濁という現代的課題の原因とともに、こうした課題と自らの生活との関わりを自分事として具体的に理解し、こうした課題に対してどのように働きかけるべきかという思考力や行動の習得につながる深い理解に貢献することが期待できる。

　地形の働きとしての流域と河川に着目し地形を捉えるために、地域の流域や河川等の地形と土地利用を地図に示してみる。次に、自宅や学校、浄水場や上水の河川からの取り入れ箇所とともに河川を遡り上流の森林、ダムや貯水池、上流の都市の位置等を調べるとともに、下水処理場や処理された水が河川に戻る場所、さらに下流の都市を経て海に至る過程をまとめることで、水源地域の森林から自分たちの地域そして海までの使う水の経路を確認することができる。そして、河川の上流の山地から流れ河川の途中で取水され浄水場を経て家や学校で使われるまでの流れを調べるとともに、地域の人々の生活や地域の工場等の活動に伴う汚れや不用な物とともに流され、この水が下水道で処理されてさらに河川の下流に流されていく過程を地図にまとめることで、生活に使われる水の流れる経路について知ることができる。

　さらに、自分たちの使う水は上流の町で使われた水が流れてきている場合や、さらに下流に流れていき次の町で河川から水を取水し使うことがあり、水は再生されて使われていることを知ることで、事業の役割の一層の理解につながる。また、流域という捉え方を通じてどの範囲に降った雨が地域に流れてきて使われているのかを知ることは、流域に雨が降らなければ水の流れが減り、水が使えなくなることに気付くことができる。雨が降らない期間が長くなり渇水と呼ばれる状況になっても安定的に水が使えるように、河川の上流にはたくさん降った時の雨水をためているダムの役割の理解にもつながる。

　このように、**地形の働きとしての流域と河川に着目し地形を捉えることで、水に関わる人々の健康や生活環境を支える事業のしくみや役割を、自分たちの関わりと関係のもとで一つの系として全体を捉えることができる。飲料水の供給や下水処理の系の中での事業所の位置を知ることを通じて、飲み水の安全を守ることや使った水の下水処理場における処理の役割にとどまらず、水の再生利用や渇水への対策等もあわせて陸上の水循環と生活との関わりの全体を理解することが可能となり、このことは社会と水の関係を知ることにつながり、複雑な社会の課題に対する知識にとどまらず、自**

らの視点による問題解決に向けた学習という学びに貢献できる。

　なお、飲料水の供給に関わる事業と下水処理に関わる事業の片方を取り上げた学びにおいても、こうした地域の生活で使う水の経路であり水循環の地上の経路ともいえる水の流れる過程を知ることで、こうした水の流れる過程と事業の役割の理解のもとで、自らの生活や活動が成り立っていることについて直感的かつ具体的な理解につなげることができる。

　このような河川・水の学びによる学習における様々な資料とアプローチの例を以下に示す。

アプローチ
４E　河川や流域に着目して、飲料水の供給経路や下水処理経路を調べる

〈主な活動〉

○身近な地域における飲料水の供給経路や下水の処理経路について調べる。

○いろいろな産業で利用されている水の経路について調べる。

○身近な地域における飲料水の供給経路や下水の処理経路をさらに追い、水の経路の全体像について調べる。

〈アプローチから得られる学びや気付きの例〉

・私たちが生活で使う飲料水は、河川から取水した水が浄水場を通り、複数の水道管を通って学校や家など様々な場所へ供給されていること。また、生活で使った下水は、下水道を通って下水処理場へと集められて処理された後、河川へと再び戻されていること。

・河川から取水された水は利用された後、再び河川へと戻るという水の流れ。

・水は飲料水だけでなく、様々な産業で使われていること。

・雨を集める地形の働き（流域）をもとに、どの範囲に降った雨が地域に流れて使われているのかの理解。

・上流の町で使われた水が下流の町に流れてきて使われている場合や、さらに下流に流れていき次の町でも河川から水を取水し使う場合があるなど、水は再生され繰り返し使われていること。

アプローチ
４F　流域に着目して捉えた水の経路や事業の位置をもとに、地域で使う飲料水の供給と下水処理事業の役割と必要性について考える

〈主な活動〉

○飲料水の供給や下水処理に関わる事業が果たす役割について予想する。

○飲料水の供給や下水処理に関わる事業の様子を調べる。

〈アプローチから得られる学びや気付きの例〉

・水に関わる人々の健康や生活環境を支える事業のしくみや役割の理解。

・自分たちの生活と隣り合う町の暮らしとの水を通した関係。

アプローチ 4G　流域に着目して学習したことをもとに、水を大切な資源として考え、飲料水の使い方を見直し有効に利用することについて考える

〈主な活動〉

○渇水問題の発生原因について調べる。

○安定的な飲料水の供給のために、誰がどのような取り組みをしているのか調べる。

〈アプローチから得られる学びや気付きの例〉

・流域に降った雨が地域を流れてきて使われていること。

・流域に雨が降らなければ水の流れが減り、水が使えなくなること。

・ダムには安定的に水が使えるように雨水を貯める役割があること。

・市町村の範囲を超え、県の範囲を超えた水についての課題や課題への取り組みの理解。

アプローチ 4H　流域に着目して学んだことをもとに、水を汚さないために自分たちにできることについて考える

〈主な活動〉

○水質汚濁の発生原因について調べる。

○生活環境の維持と向上のために、誰がどのような取り組みをしているのか調べる。

〈アプローチから得られる学びや気付きの例〉

・流域は地域に降る雨を集めて河川を形成するだけでなく、河川を流れる汚れや不要な物も集めて下流に流すということ。

・水質汚濁の原因と自らの生活との関係。

・昔と比べ、下水道法などの法律の制定や下水道や浄化槽の整備普及などの取り組みにより河川を流れる水の水質は向上していること。

・市町村の範囲を超え、県の範囲を超えた水についての課題や課題への取り組みの理解。

(3) 第4学年　自然災害から人々を守る活動

社会科第4学年　自然災害から人々を守る活動

(3)　自然災害から人々を守る活動について、学習の問題を追及・解決する活動を通して、次の事項を身に付けることができるよう指導する。

　ア　次のような知識及び技能を身に付けること。

　　(ｱ) 地域の関係機関や人々は、自然災害に対し、様々な協力をして対処してきたことや、今後想定される災害に対し、様々な備えをしていることを理解すること。

　　　（内容の取扱い：地震災害、津波災害、風水害、火山災害、雪害などの中から、過去に県内で発生したものを選択して取り上げる。「関係機関」については、県庁や市役所の働きなどを中心に取り上げ、防災情報の発信、避難体制の確保などの働き、自衛隊など国の機関との関わりを取り上げる）

　　(ｲ) 聞き取り調査をしたり地図や年表などの資料で調べたりして、まとめること。

　イ　次のような思考力、判断力、表現力等を身に付けること。

　　(ｱ) 過去に発生した地域の自然災害、関係機関の協力などに着目して、災害から人々を守る活動を捉え、その働きを考え、表現すること。

　　　（内容の取扱い：地域で起こり得る災害を想定し、日頃から必要な備えをするなど、自分たちにできることなどを考えたり選択・判断したりできるよう配慮すること）　　　　　　　　　　（学習指導要領解説（社会編）より引用。「内容の取扱い」は筆者による要約）

　学習指導要領解説（社会編）では、自然災害から人々を守るため、県庁や市役所などの関係機関が相互に連携したり、地域の人々と協力したりして行われている活動等について学習で身に付ける事項を示している。また、自然災害を様々な側面から調べ、捉えるよう、過去に発生した地域の自然災害やその発生状況、今後想定される災害や起こりえる自然災害による被害、さらには災害の前兆現象の察知等の具体的な内容を示すとともに、指導において配慮すべき事項では、地域の地理的環境などに関心を持ち、災害が起きたときに自分自身の安全を守るための行動の仕方を考えたり、自分たちでできる自然災害への備えを選択・判断したりすることができるよう指導することとしている。

　自然災害の中から水害を取り上げての学びは、降った雨を集め河川を形成するという地形の働きをもとにして、雨を集める範囲としての流域と河川の流れの関係を知り、地域で水害が発生する過程やそのしくみを学ぶことが重要である。このような学びに

よって、水害という知識の習得にとどまらず、自分たちが住む地域の水害被害の起こる可能性やその程度について、身近な現象を通じて具体的にそして実感をもって理解することが可能となり、水害を防ぎ減らすために何をすべきか、自らはどう行動すればよいのかという思考力や行動の習得につながることが期待できる。

　具体的には、地形の持つ雨水を集めて河川を形成する働きをもとにした流域という地形の捉え方により、地域の地形の高低とそのつながりの中で流域と河川の関係に着目し、河川の上流の流域の範囲に降った雨が集まり河川を流れ、自分たちの住む地域の河川に流れてくることと、そこに降る雨の量が大きくなり河川の流れる洪水の量が増えることで、河川が洪水を流しきれなくなり、人の生活の場に溢れると水害になることを理解できる。さらに、地域の地形の高低差が水害被害には影響し、周りに比べて低い土地ほど洪水によって水が深くたまってしまい被害が大きくなること等とあわせ、自らの実感をともなった水害への理解につなげることが期待される。

　この学びは、降る雨の量が増えれば危なくなるという単純な理解から、地域の河川の流域の中に降る雨の量が多くなると、この雨が集まり河川を流れこの量が増えると地域が水害になることにつながるという、地形と降雨が地域にもたらす水害発生の機構を学ぶことにより、自らの危なさを知り、自らの主体的な行動につなげることができる。また、この水害発生の機構を基にした水害についての学びは、降雨量や河川水位等の情報が持つ水害との関係性の理解により、水害に関わる多くの情報に対し、自らに関わる情報を選択したり整理したりすることで、どの程度危ないのか、避難すべきか否か、どこへ避難すれば安全かといった水害時の判断の分岐点における自らの判断につなげ行動することができる。このような河川・水についての学びは、水害の前兆現象を自ら捉え、自分自身の安全を守るための行動をとるために必要な情報の取得とその意味の理解や、自らの行動の選択と行動といった自分たちでできる水害への備えを具体的に選択・判断したりすることにつながるという深い学びに貢献できる。

　また、各地域の水害被害を減らすために使われている河川のハザードマップは、このような水害が発生する過程を基に、国や県が管理している河川の水害被害についての範囲や程度を評価し、市が地図に地域のハザードマップとしてまとめたものである。そして、このハザードマップによる地域のどこがどの程度危ないのかという情報を基

第3章　理科・社会科 編

に、市や消防・警察等の関係機関、学校や町内会が協力して避難等の対策を準備している。

　このように多くの機関が担っている水害への取り組みの原点ともいえる水害が発生する機構についての学びは、地域の人々や市役所、県庁、国の関係機関等の水害に対する取り組みや相互に連携して進めている対策の持つ意味や役割の理解に役立つとともに、ダムの建設、河川の改修、水防倉庫の設置、避難場所の確保等の担う役割の具体的な理解にも結びつく。また、市や県が策定した防災計画に基づく防災情報の発信や避難体制の確保などを自分事として捉え理解することで、社会のしくみと人々の関係にとどまらず、自らの役割を認識し行動することにもつなげていくことが期待される。

　このような河川・水の学びによる学習における様々な資料とアプローチの例を以下に示す。

アプローチ 4｜　地形のもつ雨水を集めて河川を形成する働き（流域）に着目して、水害の発生する過程や自分たちの住む地域の水害被害の起こる可能性・程度について考える

〈主な活動〉
○過去に氾濫した河川を対象に、河川の経路について調べる。
○過去に氾濫した河川を対象に、降った雨がどのように集まり河川を流れているのか調べる。
○地形の役割のもとで、降った雨が集まり流れることをもとに、地域で水害が発生する過程を考える。
○流れてきた洪水が河川で流しきれなくなって川から溢れた場合の状況を考えるとともに、地域の地形の高低をもとに被害の大きいところはどこになるのか考える。
○自分たちに関わる流域にたくさんの雨が降った場合、降った雨がどのように集まり河川を流れ、自分たちの地域に流れてくるのか考える。

〈アプローチから得られる学びや気付きの例〉
・河川は上流の高い土地から流れ、流れる間に大小複数の河川と合流し、低い土地へと集まること。

・下流部の平地ほど、流域内の降雨が集められて河川の水量が多く流れていること。

・地域の河川の流域の中に多くの雨が降ると、その雨が集まって河川を流れ、流量が増加することで、地域の水害につながるという、地形と降雨が地域にもたらす水害発生の過程。

・水害の発生の過程をもとにした自分たちが住む地域の水害被害の可能性や程度の理解。

アプローチ 4J 　地形のもつ雨水を集めて河川を形成する働き（流域）に着目して、水害と地域の人々が取り組む対策と自らの関わりを考える

〈主な活動〉

○身近な河川の流域では、水害から人々を守るためにどのような場所でどのような対策がされているのか調べる。

○流域内での対策をもとに、地域で起こり得る水害を想定し、日頃から必要な備えや水害発生時に自分にできることについて考える。

〈アプローチから得られる学びや気付きの例〉

・流域内の地形に応じて水害への取り組みがされていること。

・地域の人々や市役所、県庁、国の関係機関等の水害に対する取り組みや相互に連携して進めている対策の持つ意味や役割の理解。

・水害に対する取り組みを自分事として捉え、自分にできる水害の備えを選択・判断すること。

アプローチ 4K 　河川に着目して捉えた地形や土地利用の特徴に着目して、水害の発生する過程や自分たちの住む地域の水害被害の起こる可能性・程度について考える

〈主な活動〉

○これまでに起きた地域の水害の範囲やハザードマップを重ね合わせて、地域の地形の高低や河川と水害被害の起こる可能性・程度との関係について調べる。

○地域の土地利用の様子と水害被害の起こる可能性・程度との関係について調べる。

○土地利用の変化と水害被害の起こる可能性・程度との関係を調べる。

〈アプローチから得られる学びや気付きの例〉

・地域の地形の高低差が水害被害には影響すること。周りに比べて低い土地ほど氾濫によって水が深くたまってしまい被害が大きくなること。

・人々の生活が集中している川沿いの低地や下流部の土地が低い場所は水害被害が大きくなりやすいこと。

第3章　理科・社会科 編

・土地利用の変化で水害被害が大きくなりやすい特徴をもつ土地に多くの人が居住し生活するようになっていること。
・地形や土地利用の特徴をもとにした自分たちの住む地域の水害被害の可能性や程度の理解。

アプローチ **4L**　河川に着目して捉えた地形や土地利用の特徴に着目して、水害と地域の人々が取り組む対策と自らの関わりを考える

〈主な活動〉
○市が作成しているハザードマップから水害被害の可能性や程度という情報を読み取る。
○市や消防・警察署等の関係機関、学校や町内会の水害への取り組みを調べる。
○身近な地域では、水害から人々を守るためにどのような対策がされているかまとめる。

〈アプローチから得られる学びや気付きの例〉
・河川のハザードマップは、水害被害の可能性や程度を読み取ることができること。
・ハザードマップの情報を基に、市や消防・警察署等の関係機関、学校や地域の人々が協力して避難等の対策を準備していること。
・地域の人々や市役所、県庁、国の関係機関等の水害に対する取り組みや相互に連携して進めている対策の持つ意味や役割の理解。
・水害に対する取り組みを自分事として捉え、自分にできる水害の備えを選択・判断すること。

※どの地域においても県庁や市役所とともに国・県・市の関係機関において地形や河川、流域についての資料とともに、過去の水害についての資料を容易に入手することができる。

(4) 第4学年　県内の伝統や文化、先人の働き

社会科第4学年　県内の伝統や文化、先人の働き

(4)　県内の伝統や文化、先人の働きについて、学習の問題を追究・解決する活動を通して、次の事項を身に付けることができるよう指導する。
　ア 次のような知識及び技能を身に付けること。
　　(ｱ) 県内の文化財や年中行事は、地域の人々が受け継いできたことや、それらには地域の発展など人々の様々な願いが込められていることを理解すること。

（イ）地域の発展に尽くした先人は、様々な苦心や努力により当時の生活の向上に貢献したことを理解すること。
（ウ）見学・調査したり地図などの資料で調べたりして、年表などにまとめること。
イ 次のような思考力、判断力、表現力等を身に付けること。
（ア）歴史的背景や現在に至る経過、保存や継承のための取組などに着目して、県内の文化財や年中行事の様子を捉え、人々の願いや努力を考え、表現すること。
（イ）当時の世の中の課題や人々の願いなどに着目して、地域の発展に尽くした先人の具体的事例を捉え、先人の働きを考え、表現すること。

（学習指導要領解説（社会編）より引用）

学習指導要領解説（社会編）では、先人の働きに関する内容について、当時の世の中の課題や人々の願いなどに着目して、見学・調査したり地図などの資料で調べたりして、年表などにまとめ、地域の発展に尽くした先人の具体的事例を捉え、先人の働きを考え、表現することを通して、地域の発展に尽くした先人が、様々な苦心や努力により当時の生活の向上に貢献したことを理解できるようにすることであると例示している。さらに、地域の発展の事例として、用水路の開削や堤防の改修、砂防ダムの建設、農地の開拓などを行って地域を興した人、藩校や私塾などを設けて地域の教育を発展させた人、新しい医療技術等を開発したり病院を設立したりして医学の進歩に貢献した人、新聞社を興すなど文化を広めた人、地域の農業・漁業・工業などの産業の発展に尽くした人など、「開発、教育、医療、文化、産業など」の面で地域の発展や技術の開発に尽くした先人の具体的事例の中から一つを選択して取り上げることが考えられるとしている。

この中で、用水路の開削や堤防の改修、砂防ダムの建設、農地の開拓などを行って地域を起こした人とその働きを取り上げる場合には、地形の働きとしての流域と河川に着目した地形の捉え方により、地域の地形と土地利用等との関係を調べ地図にまとめることにより、先人の働きがなされた当時の水害や新田開発の必要性等の地域の課題とその背景とともに、先人の働きの持つ意味・役割を具体的に理解することができる。さらに、先人の働きが今日においても地域や地域での生活にどのように役立っているかについても実感をもっての学びに貢献することが期待される。

第3章　理科・社会科編

　具体的には、地域の図書館や関係機関等への聞き取りや調査により、こうした先人の働きに関する地図や歴史等の資料を基に調査し、その働きの持つ役割に自ら気付きにつなげることができる。特に先人の時代の地形や河川等の水の流れとあわせ、当時と今日の土地利用の様子を比べることにより、こうした働きの意味が今日までどのように続き、役立っているかの理解に役立つものである。

　このような河川・水の学びによる学習における様々な資料とアプローチの例を以下に示す。

アプローチ
4M　河川や流域に着目して捉えた地形の特徴をもとに、先人の働きのもつ意味や役割について考える（水害への対策を中心に）

〈主な活動〉
○これまで起きた水害の被害の状況と、これに対して先人がどのような取り組みをしたのか調べる。
○先人の働きの役割や意味について考える。
○先人の取り組みが、今はどのような役割を果たしているのか調べる。
○将来起こり得る水害に向けてどのような対策がされているのか調べ、自分にできることは何か考える。

〈アプローチによる気付きや学び〉
・地域の水害の歴史と先人の働きが必要とされた背景。
・先人の働きによる水害への取り組みの意味や役割。
・水害に対応しながら歴史的に進めてきた用水路の開削や堤防の改修、砂防ダムの建設、地域の文化や建物等の工夫を知り、今日の対策につなげることで、これからの対策につなげること。
・水害に向けた自らのできることや役割。

※どの地域においても県庁や市役所とともに国・県・市の関係機関において地形や河川、流域についての資料とともに、過去の水害についての資料を容易に入手することができる。

3.4　第5学年の学習内容への貢献

(1) 第5学年　我が国の国土の様子と国民生活

社会科第5学年　我が国の国土の様子と国民生活

(1)　我が国の国土の様子と国民生活について、学習の問題を追究・解決する活動を通して、次の事項を身に付けることができるよう指導する。

　ア 次のような知識及び技能を身に付けること。

　　(ｱ) 世界における我が国の国土の位置、国土の構成、領土の範囲などを大まかに理解すること。

　　(ｲ) 我が国の国土の地形や気候の概要を理解するとともに、人々は自然環境に適応して生活していることを理解すること。

　　(ｳ) 地図帳や地球儀、各種の資料で調べ、まとめること。

　イ 次のような思考力、判断力、表現力等を身に付けること。

　　(ｱ) 世界の大陸と主な海洋、主な国の位置、海洋に囲まれ多数の島からなる国土の構成などに着目して、我が国の国土の様子を捉え、その特色を考え、表現すること。

　　(ｲ) 地形や気候などに着目して、国土の自然などの様子や自然条件から見て特色ある地域の人々の生活を捉え、国土の自然環境の特色やそれらと国民生活との関連を考え、表現すること。

（学習指導要領解説（社会編）より引用）

　我が国の国土の様子と国民生活、その中でも我が国の国土の地形や気候の概要と人々が自然環境に適応した生活を送っていることを学ぶにあたっては、社会科5学年「我が国の国土の自然環境と国民生活の関わり」で後述するように、国土の地形の高地や低地とともに、地形の働きとしての流域と河川に着目した地形の見方と気候を合わせて特徴を理解することにより、国土の自然の様子や自然条件と国民生活との関係について具体的に考え、表現することに貢献できる。

　特に、流域の境界である本州中央部にある脊梁山脈は太平洋側に流れ下る流域と日本海側に流れ下る流域とに分けており、この地形と季節の変化に伴う気象現象の関係が、地域ごと・季節ごとの降雨や降雪等の自然条件を地域にもたらすことにより様々な地域ごとの特徴を生み出し、特色ある国民生活と関連していることを知ることができる。

第3章　理科・社会科編

このような河川・水の学びによる学習における様々な資料とアプローチの例を以下に示す。

アプローチ
5A　　**流域に着目して、国土の地形の特徴を考える**

〈主な活動〉
○国土の流域の特徴について調べる。
○国土の地形の特徴を調べる。

〈アプローチから得られる学びや気付きの例〉
・流域の境界である本州中央部にある脊梁山脈は、太平洋側に流れ下る流域と日本海側に流れ下る流域とに分けていること。
・河川の上流は低く平らな土地はほとんどなく、山に囲まれた山地であること。中流では、盆地や丘陵など小高くなった土地が見られ、下流に行くほど（海に近づくほど）、平らな土地は広くなっていること。
・流域ごとに平野の大きさを比較すると、大きい（範囲の広い）流域ほど河口には大きな平野が広がっている傾向があること。

アプローチ
5B　　**「国土の流域と河川に着目して理解した地形の特徴」に着目して、国土の地形と気候の特徴を考える**

〈主な活動〉
○国土の気候の特徴について調べる。
○国土の地形と気候との関係を考える。

〈アプローチから得られる学びや気付きの例〉
・脊梁山脈で隔てられた太平洋側と日本海側で降水量に違いがあること。
・流域の上流の土地が高くなっているところ（標高が高いところ）は、下流の土地が低くなっているところ（標高が低いところ）と比べると平均気温が低いこと。

アプローチ
5C　　**自然条件と人々の暮らし、流域に着目して捉えた国土の地形や気候の特徴をもとに、人々は自然環境に適応して生活していることを考える**

〈主な活動〉
○調べたことをもとに学習問題について話し合う。

○学習問題について話し合ったことをもとに図や文、白地図にまとめる。

〈アプローチから得られる学びや気付きの例〉
・海に近く広い平野に大都市が形成され多くの人々が暮らしていること。
・日本海側は雪が多く、雪解けの水を使っていること。
・高い標高で冷涼な気候の地域とその分布と、そこで作られている作物には特徴があること。
・水田地帯が展開されている地域の地形の特徴。
・様々な地形や気候の特徴と人々の生活との関わり、特色のある生活。
・様々な地形や気候の特徴と地域の産業との関わり、特色のある産業。
・流域の境界である本州中央部にある脊梁山脈は、太平洋側に流れ下る流域と日本海側に流れ下る流域とに分けており、この地形と季節の変化に伴う気象現象の関係が、地域ごと・季節ごとの降雨や降雪等の自然条件を地域にもたらしていること。このような地形と気候との特色が、様々な地域ごとの特徴を生み出し、特色ある国民生活と関連していること。

(2) 第5学年　我が国の国土の自然環境と国民生活の関わり

社会科第5学年　我が国の国土の自然環境と国民生活の関わり

(5)　我が国の国土の自然環境と国民生活との関連について、学習の問題を追究・解決する活動を通して、次の事項を身に付けることができるよう指導する。

　ア　次のような知識及び技能を身に付けること。

　　(ｱ) 自然災害は<u>国土の自然条件などと関連して発生している</u>ことや、自然災害から国土を保全し国民生活を守るために<u>国や県などが様々な対策や事業を進めている</u>ことを理解すること。

　　　（内容の取扱い：地震災害、津波災害、<u>風水害</u>、火山災害、雪害などを取り上げる）

　イ　次のような思考力、判断力、表現力等を身に付けること。

　　(ｱ) <u>災害の種類や発生の位置や時期、防災対策など</u>に着目して、国土の自然災害の状況を捉え、<u>自然条件との関連を考え、表現する</u>こと。

（学習指導要領解説（社会編）より引用。下線は筆者による）

　学習指導要領解説（社会編）では、「災害の種類や発生の位置や時期、防災対策などに着目して、地図帳や各種の資料で調べ、まとめ、国土の自然災害の状況を捉え、自然条件との関連を考え、表現することを通して、自然災害は国土の自然条件などと

第3章　理科・社会科 編

関連して発生していることや、自然災害から国土を保全し国民生活を守るために国や県などが様々な対策や事業を進めていることを理解できるようにすること」としている。

　自然災害の中から水害を取り上げ、国土の自然条件と水害との関連をもとに様々な対策や事業について理解するにあたり、第3、4学年での地域や県の様子の単元で、河川・水の学びを導入して学んだ、「降った雨を集め河川の流れを形成する働きとしての流域と河川に着目した地形の捉え方」を、国土全体に広げ、降った雨が集まり河川を流れ、下流の地域の水害を起こす水害の発生の過程やしくみの理解をもとに、国土全体の特徴とともに各地域における水害が起こる理由や程度を知り、水害被害を防止し軽減するために国や県などが進めている対策や事業の役割を合わせて理解することができる。

　まず、水害に関わる国土の地形や気候の概要を理解するにあたり、国土の高地や低地とともに、地形の働きとしての流域と河川に着目した地形の捉え方により国土全体を見てみると、石狩川、北上川、利根川、信濃川、木曽川、淀川、吉野川、筑後川等の河川の流域の組み合わせとなっていることに気付くことができる。そして、本州の河川の多くは流域の最上部の山地や山脈から太平洋側と日本海側に分かれて流れ出し、中流部の川に沿った盆地等の平地を経て、下流部の広い平野から海に流れ込んでいる。このような、山地・山脈から下流の平地に至る地形の変化への気付きは、国土で水害が起こるしくみや可能性、被害の状況等について理解するとともに、その国土全体の俯瞰により国土の水害に関する自然条件の理解に貢献する。

　また、それぞれの河川の流域を見ることで、流域面積の大きい川ほど一般的に中流部から下流部の平地の面積が広く、こうした使いやすい平らな土地の分布に応じて多くの人々が集まり、様々な活動が成されているという地形と土地利用の関係と全国の分布の様子を知ることができる。

　さらに、**流域の境界である本州中央部にある脊梁山脈は太平洋側に流れ下る流域と日本海側に流れ下る流域とに分けており、この地形と季節の変化に伴う気象現象の関係が、地域ごと・季節ごとの降雨や降雪等の自然条件を地域にもたらすことにより、様々な地域ごとの特徴を生み出していることに気付くことができる。**

109

主な水系 流域地図

地理院地図（標高・土地の凹凸_陰影起伏図）に「国土数値情報（流域界・非集水域、河川）」（国土交通省）
（https://nlftp.mlit.go.jp/ksj/index.html）を重ねて作成

第3章　理科・社会科 編

　このように、地域のどの範囲に雨が降った場合に自分たちや地域が危なくなるのかという、直接的かつ明確な水害の発生のしくみと自分や地域との関係の理解を国土全体に展開することで、様々な機関により取り組まれている対策が、自らを守るために欠かすことのできないという本質を学ぶことが期待される。

　さらに、地形の働きとしての流域と河川に着目した地形の見方により国土を見ることは、流域という地形はその地形の成り立ちと緊密な相互関係をもつ流域の基盤となっている地質と一体となって形成されてきていることに気付き、水害のみならず気象条件に大きく影響される雪害をはじめとして、地震災害、津波災害、火山災害の発生と被害の形態や程度の理解において大きな役割を果たす。このため、このような流域という地形の見方についての基本的な学びはどの自然災害を選択するかに関わらず自然災害の学びに大きく貢献することが期待される。

　水害被害を減らすための堤防の整備やダムや遊水地の整備といった対策は全国の河川を対象に国と県が分担して行っており、利根川や淀川と言った流域面積が大きな大河川の本川や規模の大きい支川を国が担当し、そのほかの河川を県が担当している。また、水害の時の地域の人々の避難については市が中心になり県や国、消防や警察との連携のもとで安全の確保を図っている。

　このような河川・水の学びによる学習における様々な資料とアプローチの例を以下に示す。

アプローチ 5D　流域に着目して、国土の地形と水害の発生との関係を考える（水害を中心に）

〈主な活動〉

○過去に日本で発生した自然災害について話し合い、学習問題をつくる。

○過去に日本で発生した水害の特徴（発生の位置や時期、被害の状況）と気候の特徴と関連付けて、気候や地形と水害との関係を調べる。

○将来に発生する水害に向けてどのような対策がされているのか調べる。

〈アプローチによる気付きや学び〉

・国土の自然条件に伴い、6月から10月の梅雨から秋にかけた時期に水害は多く発生し

111

ていること。

・山地や山脈から下流の平地に至る地形の変化と、水害が発生する過程や被害の程度との関係。

・土地が低く広い平野は河川の氾濫の可能性があり、多くの人が居住することから被害も大きくなりやすいこと。

・降雨の範囲と自分たちの住む地域の水害被害との関係。

※水害を中心に学習を進める場合

アプローチ **5E** 　地形のもつ雨水を集めて河川を形成する働き（流域）に着目して、水害の発生する過程や自分たちの住む地域の水害被害の起こる可能性・程度について考える

＊社会科4学年　自然災害から人々を守る活動　（アプローチ4I）の再掲

〈主な活動〉

○過去に氾濫した河川を対象に、河川の経路について調べる。

○過去に氾濫した河川を対象に、降った雨がどのように集まり河川を流れているのか調べる。

○地形の役割のもとで、降った雨が集まり流れることをもとに、地域で水害が発生する過程を考える。

○流れてきた洪水が河川で流しきれなくなって川から溢れた場合の状況を考えるとともに、地域の地形の高低をもとに被害の大きいところはどこになるのか考える。

○自分たちの関わる流域にたくさんの雨が降った場合、降った雨がどのように集まり河川を流れ、自分たちの地域に流れてくるのか考える。

〈アプローチから得られる学びや気付きの例〉

・河川は上流の高い土地から流れ、流れる間に大小複数の河川と合流し、低い土地へと集まること。

・下流部の平地ほど、流域内の降雨が集められて河川の水量が多く流れていること。

・地域の河川の流域の中に多くの雨が降ると、その雨が集まって河川を流れ、流量が増加することで地域の水害につながるという、地形と降雨が地域にもたらす水害発生の過程。

・水害の発生の過程をもとにした自分たちが住む地域の水害被害の可能性や程度の理解。

第3章　理科・社会科 編

アプローチ
5F

地形のもつ雨水を集めて河川を形成する働き（流域）に着目して、水害と地域の人々が取り組む対策と自らの関わりを考える

＊社会科４学年　自然災害から人々を守る活動　（アプローチ４J）の再掲

〈主な活動〉

○身近な河川の流域では、水害から人々を守るためにどのような場所でどのような対策がされているのか調べる。

○流域内での対策をもとに、地域で起こり得る水害を想定し、日頃から必要な備えや水害発生時に自分にできることについて考える。

〈アプローチから得られる学びや気付きの例〉

・流域内の地形に応じて水害への取り組みがされていること。

・地域の人々や市役所、県庁、国の関係機関等の水害に対する取り組みや相互に連携して進めている対策の持つ意味や役割の理解。

・水害に対する取り組みを自分事として捉え、自分にできる水害の備えを選択・判断すること。

3.5　第6学年の学習内容への貢献

(1) 第6学年　グローバル化する世界と日本の役割

社会科第6学年　グローバル化する世界と日本の役割

(3)　グローバル化する世界と日本の役割について、学習の問題を追究・解決する活動を通して、次の事項を身に付けることができるよう指導する。

ア 次のような知識及び技能を身に付けること。

（ア）我が国と経済や文化などの面でつながりが深い国の人々の生活は、多様であることを理解するとともに、スポーツや文化などを通して他国と交流し、異なる文化や習慣を尊重し合うことが大切であることを理解すること。

（イ）我が国は、平和な世界の実現のために国際連合の一員として重要な役割を果たしたり、諸外国の発展のために援助や協力を行ったりしていることを理解すること。

（ウ）地図帳や地球儀、各種の資料で調べ、まとめること。

イ 次のような思考力、判断力、表現力等を身に付けること。

（ア）外国の人々の生活の様子などに着目して、日本の文化や習慣との違いを捉え、国際交流の果たす役割を考え、表現すること。

（イ）地球規模で発生している課題の解決に向けた連携・協力などに着目して、国際連合の働きや我が国の国際協力の様子を捉え、国際社会において我が国が果たしている役割を考え、表現すること。

（学習指導要領解説（社会編）より引用。下線は筆者による）

　気候変動に伴う自然災害の激甚化は世界的に発生しており、SDGs 等の展開と推進は重要な国際的課題となっている。日本においても厳しくなってきている水害や渇水等の被害についてその背景や原因について身近でかつ具体的な現象として学ぶことは、こうした国際的課題への対策や多くの機関の取り組みについてその意味や役割を自らの関わりとそのつながりの中での理解や、SDGs 等への積極的に関わる活動への理解に貢献することが期待できる。

　なお、世界で発生している水害や渇水についての最新の情報、これまでに発生した災害の情報や状況は、内閣府防災担当や EM-DAT ¦ The international disasters database 等が有している情報から容易に共有し利用することができる。

第3章　理科・社会科 編

このような河川・水の学びによる学習における様々な資料とアプローチの例を以下に示す。

アプローチ 6A　水害や渇水等の被害についてその背景や原因に着目して、国際的な課題への対策や多くの機関の取り組みについて考える

〈主な活動〉

○世界で発生している自然災害や環境問題の背景や原因について調べる。

○自然災害や環境問題の解決に向け、国際連合の働きや海外で活躍する日本人の人々について調べる。

〈アプローチから得られる学びや気付きの例〉

・地球温暖化による気候変動は世界的に深刻化し、大きな影響が出ていること。

・洪水や渇水等が日本を含め世界で発生していること。

・日本の治水対策は進んでおり、東南アジア等の途上国の治水対策の展開に技術協力による支援を行っていること。

・国際機関である台風委員会や二国間協定により国際的な取組に参画していること。

3.6　まとめ

まとめとして、社会科の学習における河川・水の学びの貢献について検討してきた中から代表的な学びを示す。

第3学年の単元「身近な地域や自分たちの市区町村の様子」において、地域の様々な社会的事象や活動の様子を調べ学んでいく中で、地形の持つ特徴や地形の成り立ちとの相互の関係性を見出し、これを関係付けていくことができることを示した。さらに、「市の様子の移り変わり」では、こうした地形と土地利用との関係性が土地利用の推移の理解に広げていけることを述べた。

第4学年の「都道府県の様子」では、第3学年の地形と地域の様子との関係についての見方をさらに進め、降った雨を集めて河川の流れを形成するという地形の働きを取り上げるとともに、この降った雨を集める範囲である流域を示すことで、流域と河川に着目した地形の捉え方を述べた。そして、この地形を基盤として地域の地形の特

徴と土地利用との相互の関係や場所による利害や類似点への気付きを基にした県の様子や地理的環境の特色の学びに貢献できることを示した。さらに、「人々の健康や生活環境を支える事業」では、流域と河川に着目した地形の捉え方で、陸上の水循環の中に位置する事業であることを理解することにより、事業の意味や必要性の理解が実感を伴うものになることや、自らと現代的諸課題との関わりに気付くことができると示した。「自然災害から人々を守る活動」では、流域と河川に着目した地形の捉え方で、地形と降雨が地域にもたらす水害発生の機構を学ぶことにより、自らの危なさを知り主体的な行動につなげることができることや、自分の安全を守るために必要な情報の習得とその意味の理解により、自分たちでできる水害への備えの選択や判断、災害時の自らの行動を考えることにつながることを示した。

　第5学年の「我が国の国土の自然環境と国民生活の関わり」では、流域と河川に着目した地形の捉え方を国土全体に広げていくことで、国土が河川の流域で構成されているとともに、流域ごとに河川の上流、中流、下流のそれぞれに対応した地形のつながりで成り立っており、こうした構成や配置が地域ごとの特性や土地利用の条件になっていることが、全国の地域ごとの特徴や特性に適応した特色ある産業や生活に結びついていることの理解に役立つことを示した。

　本節で検討してきたように、社会科の学習において、雨を集めて河川の流れを形成するという地形の働きをもとにした流域と河川に着目した地形の捉え方を導入し、地域や国土を構造やしくみとして見ていくことで、上記単元の学習での様々な社会的事象や現代的諸課題が社会の構造やしくみのどこに位置しているのかという思考のもとで、社会的事象相互の関係性や現代的諸課題が起きている背景や原因を合わせて理解することができる。特に現代的諸課題の学びにおいては、このような理解を通じて自分や地域の人々がどのように関わっているのか、どのような取り組みが必要なのかという思考とともに、自分事として捉えることを通じて自らの判断や行動の選択へと学びを深めていくことができる。さらに、地域の身近な事例からの具体的な学びは、地域の人々や市町村、県、国の機関が進めている対策の意味や必要性を自らの関わりの中で理解していくことに貢献すると考える。

第 **4** 章
幼児教育・生活科 編

第 1 節 幼児教育・生活科に貢献する河川・水の学びの価値の概観

第 2 節 幼児教育への貢献

第 3 節 生活科への貢献

第4章では、幼児教育及び小学校生活科の学習における河川・水の学びの価値について整理を行う。幼児教育と生活科のいずれにおいても、河川・水の学びを導入することで、諸感覚を通して感性を育みながら、自然事象について感覚的な理解が進むとともに深まることが期待できる。

　特に河川・水は、本物を実感・体感できる場、多様な遊びや体験活動ができる場であることが、重要な役割を果たすと考えられる。

（水に触れて親しむなどの諸感覚を通した遊びと幼児教育への貢献）

　幼児教育においては、河川・水での遊び・活動を通じ、水に触れて親しむことで、諸感覚を通して水の性質を感じることができる。この段階では、感覚のレベルであるが、幼児が身近な川や水に主体的に関わるなかで関わり方や意味に気付く、これらを取り込もうとして、試行錯誤することを通じ、好奇心や他者との関わりのなかで感性等を育成しながら、幼児教育における資質・能力が育まれることに貢献できる。

　河川・水は、「幼児が身近な環境に主体的に関わり、環境との関わり方や意味に気付き、これらを取り込もうとして、試行錯誤したり、考えたりする」という幼児教育における見方・考え方（幼稚園教育要領（平成29年告示））を踏まえ、河川・水の提供する環境及びその環境を活用した遊び・活動を通じ、五つの領域における具体的内容に照らしたプログラムをバランスよく実施することで「幼児教育において育みたい資質・能力」が育まれることに貢献できる。そしてそれらの資質・能力が育まれている幼児の具体的な姿として示されている「幼児期の終わりまでに育ってほしい姿」に対しても具体的な貢献をすることができることとあわせ、それらが小学校以降における各教科等の「見方・考え方」の基礎になることも期待される。

（幼児期の体験が、低学年での学習へとつながり、中学年以降の実感を伴った理解への基礎となる）

　小学校生活科においては、川や水辺をフィールドとした活動を通じ、幼児期に得た感覚レベルの水の性質についての認識があらたな気付きや発見を生み、水に関する知識も学びながら、水の存在や、水が人間や生物にとって不可欠な存在であることを理解するなど、生活科における資質・能力が育まれることに貢献できる。このような低学年における学習経験は、河川・水が上下水道をはじめとして学校や家庭及び地域の生活に関わっていることに気付くための素地となり、対象を自分との関わりで捉えて気付く力の向上、概念形成への移行となる。

　そして、低学年での活動や体験が、小学校中学年以降の理科や社会科、総合的な学習の時間などを中心として学ぶ河川・水に関する学習へと確かにつながっていく。

　このように身近かつ豊かな体験を伴う河川・水の学びによる、諸感覚を通じた実感や経験が自然や社会の事象について、本物の理解をするための基礎となるとともに各教科等における概念知識として得た学びが相互連結する。こうした幼児教育及び小学校生活科に河川・水の学びを導入することにより、学びの更なる深化・発展、感性の育成による表現の豊かさの向上等が期待される。

第4章　幼児教育・生活科 編

第1節　幼児教育・生活科に貢献する河川・水の学びの価値の概観

　河川・水の学びは、本物を実感・体感できる場、多様な遊びや体験活動ができる場である。流れがある、流れの音がある、冷たさを感じる、風がある、石や岩が存在する、風景がある。山から海に至る過程で姿が変化していく、四季の変化がある。多様な生き物（動物、植物）が生息している。そしてそれらは相互に関係する。これらのフィールドは、まさに、子どもの身近にあり、探索などで直接体験したり繰り返し働きかけたりすることができるという特徴がある。

　こうした河川・水での遊び・活動を通じ、幼児教育において、水に触れて親しむことで、諸感覚を通して水の性質を感じることができる。この段階では、感覚のレベルであるが、幼児が身近な川や水に主体的に関わるなかで関わり方や意味に気付き、これらを取り込もうとして、試行錯誤することを通じ、好奇心や他者との関わりのなかで感性等を育成しながら、幼児教育における資質・能力が育まれることに貢献できる。
　また、小学校生活科においては、川や水辺をフィールドとした活動を通じ、幼児期に得た感覚レベルの水の性質についての認識があらたな気付きや発見を生み、水に関する知識も学びながら、水の存在や、水が人間や生物にとって不可欠な存在であることを理解するなど、生活科における資質・能力が育まれることに貢献できる。

　幼児教育において、例えば、河川・水の環境と遊びにおいて、砂山をつくって水を流すなどの活動を通じ、斜面を下る水の流れ方の違いや水は地面を削るということについて気付いたことやできるようになったことを使い、より大量の水を流すことで大きく削ったり、水がたまったりしてドロドロになることも発見する。また、あらかじめ砂山を締固めることにより削られにくくしたりといった工夫をすることや、少量の水を含むと砂がくっつくということについて、気付いたことやできるようになったことを使い、自分の好きなものを砂で表現したり、より高い砂山づくりに挑戦したりする。
　これらを踏まえて、例えば、生活科において田んぼの泥に体全体で触れてみる活動

119

を通じ、学校の砂場と、田んぼの泥とでは感触が違うことに気付き、泥には水が大量に含まれていることや乾燥しにくいこと、少量の水を含んだ砂に比べ泥は形が形成しにくいという特性を踏まえて、自分なりの泥に対する関わり方を考えたりする。また、お米を作るためになぜこのように田んぼに水をためる必要があるのかということに目を向けることで、日々食べているお米と、土と水との関係、苗を植えている農業従事者がいることなどに気付く、対象を自分自身との生活との関わりで捉え、考えるようになるなど、幼児教育で得た体験が、小学校低学年の生活科における学習活動と関連付けられながら発展する。

　これらの活動を通じ、自ら興味をもって主体的に他者と関わりながら、充実感や満足感を味わうという体験を重ね、幼児期に試行錯誤しながら獲得した事柄が、小学校低学年におけるステップアップした活動とリンクすることで、知っていること・できることが、自身の有用感となり、更なる興味関心へと発展する。

　こうした幼児期の遊びで得た不思議さや驚きが小学校入学以降の活動や体験における更なる気付きや発見につながることで学びを更に深め、自然の原理・物理法則等を直観的に理解するための基礎となること、小学校中学年以降の学習における知識・技能の実感を伴った習得、思考力・判断力・表現力の更なる向上や、学びに向かう力、人間性等のより一層の涵養へと好影響が期待される。

　例えば、幼児期の水に触れる、物を浮かばせたりする、砂場で砂山をつくって水を流す、泥団子をつくる等して遊んだ経験が、水を使った活動（噴水・水鉄砲、コップからあふれない水、浮き輪、色水の移動、砂像づくり、砂場での水遊び等）により、小学校中学年以降で学ぶ水の性質（圧力、表面張力、浮力、毛細管現象、粘着力等）や働き等の具体的な事象のより実感を伴った理解につながる。また、川での体験や観察（水に入る・浮かぶ・流れる、河原の石・流木、石の下の昆虫調べ、水中眼鏡）により、川の力、冷たさ、流れや川にある自然物や生き物の不思議さに気付き、自然と楽しく関わろうとすることや自然への愛着がわくことに加え、実体験や本物の自然環境の様相を知ることを通じ、それらの実体験で得た事項が「流域」や「水循環」の見方の醸成及び小学校中学年以降の理科や社会をはじめとする教科等で学ぶ知識や自然の原理・物理法則等を直観的に理解しやすくなる。あわせて、河川・水を通した活動

第4章　幼児教育・生活科 編

で感じた自然や生命の美しさ、不思議や神秘、ふるさととしての情景は、小学校での国語の言語活動、音楽科や図画工作科等における豊かな表現活動に貢献することも期待できる。

　このように身近かつ豊かな体験を伴う河川・水の学びによる、諸感覚を通じた実感や経験が、自然や社会の事象について、本物の理解をするための基礎となるとともに各教科等における概念知識として得た学びが相互連結する。こうした幼児教育及び小学校生活科に河川・水の学びを導入することにより、学びの更なる深化・発展、感性の育成による表現の豊かさの向上等が期待される。

第2節　幼児教育への貢献

2.1　幼児教育の基本と河川・水の学び

　幼児教育の要領・指針として「幼稚園教育要領」、「幼保連携型認定こども園教育・保育要領」、「保育所保育指針」がある。それらの要領・指針のうち、例えば、幼稚園教育要領第1章総則においては、幼稚園教育の基本として以下の記載がある。

　「幼児期の教育は、生涯にわたる人格形成の基礎を培う重要なものであり、幼稚園教育は、学校教育法に規定する目的及び目標を達成するため、幼児期の特性を踏まえ、環境を通して行うものであることを基本とする。このため教師は、幼児との信頼関係を十分に築き、幼児が身近な環境に主体的に関わり、環境との関わり方や意味に気付き、これらを取り込もうとして、試行錯誤したり、考えたりするようになる幼児期の教育における見方・考え方を生かし、幼児と共によりよい教育環境を創造するように努めるものとする。」

　また幼稚園教育要領解説において、上記の「幼児期の教育における見方・考え方」について「幼児期の教育においては、幼児が生活を通して身近なあらゆる環境からの刺激を受け止め、自分から興味をもって環境に主体的に関わりながら、様々な活動を展開し、充実感や満足感を味わうという体験を重ねていくことが重視されなければな

121

らない。その際、幼児が環境との関わり方や意味に気付き、これらを取り込もうとして、試行錯誤したり、考えたりするようになることが大切である。」と示されている。

　上記の幼児教育の基本とされている、環境を通して行う教育、そして幼児期の教育における見方・考え方となる「幼児が身近な環境に主体的に関わり、環境との関わり方や意味に気付き、これらを取り込もうとして、試行錯誤したり、考えたりする」ことに照らし合わせると、園児の身近にあり、体験や諸感覚を通しての学びを提供することができる河川・水の学びは諸感覚を通じながら外部環境からの刺激を深めることで主体的に関わり、様々な興味関心や、環境と自分とのつながりなどの気付きや小さな発見の連続を引き起こす活動のフィールド（園内、園外の身近な環境）となり、体験を通じて試行錯誤したり考えをめぐらすなどの遊びの場を提供したり、遊びの素材自体になったりすることができる。あわせて、自然・環境に深く関わっている河川・水は、豊かな心情を育成するとともに、水固有の特性（音、形、色、手触り、動きなど）から表現の豊かさにもつながる。

　こうした幼児教育の基本を踏まえ、「幼稚園教育において育みたい資質・能力」が示されており、それらは五つの領域（健康・人間関係・環境・言葉・表現）の「ねらい及び内容に基づき、各幼稚園が幼児の発達の実情や幼児の興味や関心等を踏まえながら展開する活動全体によって育むものである」とされている。

　この「幼児教育において育みたい資質・能力」に照らし合わせてみても、河川・水は、豊かな体験を提供できる環境（園内・園外）となる。その一例として、川や水の冷たさや流れていることを感じたり、まわりにいる様々な生き物の存在や営みについて気付いたり、四季によって河原の植物の様相が違うことが分かったり、生き物を触れるようになったりする（「知識及び技能の基礎」）。

　そして、河川・水に触れることにより気付いたことや、できるようになったことなどを使い、笹舟を流すなどの新たな遊びを考えたり、どこまで遠く流せるかを試したり、改良を加える等の工夫をしたり、自分の舟であることを表現したりする（「思考力、判断力、表現力等の基礎」）。

　このような河川・水とその動植物に触れることにより、豊かな心情が芽生えたり、

第4章　幼児教育・生活科 編

もっと工夫をしたいという意欲や、転落しないように身を守ろうとしたり友達を気に
かけたりする態度が育つ中で、よりよい生活を営もうとする（「学びに向かう力、人
間性等」）。

　このように河川・水は幼児教育で求められる三つの資質・能力を一体的に育むこと
に貢献できる学習材である。

　幼児教育の要領及び指針によると、「実際の指導場面においては、「知識及び技能の
基礎」「思考力、判断力、表現力等の基礎」「学びに向かう力、人間性等」を個別に取
り出して指導するのではなく、遊びを通じた総合的な指導の中で一体的に育むよう努
めることが重要である」とされている。このことから、河川・水を対象とした場合、
これらの三つの資質・能力を個別に取り出して意識せずとも、遊びを通じて無理なく
かつバランスよく一体的に育成することができる。

　このように、体験や感覚を通しての学びを提供することができる河川・水は、幼児
教育において基本とされる「環境を通して行う」ことであるとともに、「遊びを通し
ての総合的な指導」と深く関連することから、幼児教育に関わる教員が、五つの領域（健
康・人間関係・環境・言葉・表現）の内容に照らしたプログラムをバランスよく組み
立てる際に、広範囲をカバーできる対象として貢献できる。

2.2　「幼児期の終わりまでに育ってほしい姿」に照らした河川・水の貢献例

　第1項で述べた、「幼児教育において育みたい資質・能力」が育まれている幼児の
具体的な姿が「幼児期の終わりまでに育ってほしい姿」である。具体的には幼稚園教
育要領において、以下のように示されている。

　「（五つの領域における）ねらい及び内容に基づいて、各幼稚園で、幼児期にふさわ
しい遊びや生活を積み重ねることにより、幼稚園教育において育みたい資質・能力が
育まれている幼児の具体的な姿であり、特に5歳児後半に見られるようになる姿であ
る。」

　こうした身近かつ豊かな体験を伴う河川・水の学びにより、「幼児教育において育

みたい資質・能力」が遊びを通じて無理なく身に付く。そして、それらの資質・能力が育まれている幼児の具体的な姿として示されている「幼児期の終わりまでに育ってほしい姿」に対しても、例えば以下のような活動によって貢献ができると考えられる。

（1）健康な心と体

例）危険な遊びや危険な箇所の理解、それらリスク等への対処方法を体感しながら学ぶことができる

…教員の指示のもと、園庭の砂場や河川敷等での安全な場所を選んだりして自分たちで遊びを進めていく。また病気にならないように水を用いて手洗いやうがいなどを行うことが習慣付いたり、熱中症にならないように水分を補給したりする。そして遊びを通じて川や水を扱うことや場所の危険についても日常的な指導を積み重ねて学び、自ら危険回避の行動ができるようになる。あわせて、「安全上の配慮」として災害時の行動の仕方など身を守る対処の仕方を身に付けるために、水害など地域や園の実態に沿った自然災害を想定した訓練にて、発達の実情に応じた避難の基礎を学ぶこともできる。

（2）自立心

例）川に関係する本物の事象に触れあう中で、幼児が主体的に学ぶことができる

…川で捕まえてきた水槽の生き物の世話をするなかで、餌を多くあげすぎたり、水が汚れすぎたりしても生き物にとっては好ましくないことなどを理解した上で、適切な量や水の状態などを観察しながら自ら工夫して行動するようになる。その過程で自らの工夫について教師や友達から認められることで意欲をもち、自信を確かなものにしていく。

（3）協同性

例）友達との協力によってできることに気付くことができる

…園庭の砂場や河川敷等での遊びの中で友達と関わりながら様々な出来事を通して、嬉しい、悔しい、悲しい、楽しいなどの多様な感情体験を味わい、友達との関わりを深めていく中で、お互いの思いや考えなどを共有し、次第に共通の目的をもつよ

うになる。砂場や河川敷での新しい遊びについて友達と工夫したり、協力したりし、充実感をもってやり遂げることができる。

（4）道徳性・規範意識の芽生え

例）川に落ちているごみに気付き、自然を守ろうとする心の育ちにつながることができる

…河川敷での遊びにおいて他の幼児と様々な体験を重ねる中で、エリア内でしてよいことや危険な箇所に近づくなどの悪いことがあることをわかり、考えながら行動するようになっていく。また、川の遊び体験等のルールのある遊びのなかでもっとたくさん流れてみたいという相手の気持ちに共感したり、それでも安全のためにはきまりを守る必要があることを理解したり、川という自然においては特に事故にあわないように自分の気持ちを調整し、友達とルールを守ったりするようになる。

（5）社会生活との関わり

例）社会に密接に関わっている川や水を通じ生活との関わりに気付くことができる

…河川敷等での遊びにおいて、散歩やスポーツ等を行う様々な人と触れ合うなかで人との様々な関わり方に気付く。また河川敷はみんなで利用していることや、そこにあるベンチや手洗い場等を大切に利用するなどして、地域社会とのつながりを意識するようになる。また、砂山遊びをする際、子どもたちは水によって土が削られないように土を盛り上げたり、大きな石を並べてみたり、氾濫しないようにしている姿が見られる。このような遊びの後、整備された川に行けば、堤防がある意味や、河川敷がある意味なども発達の実情に応じながらも感覚的にイメージしやすくなる。

（6）思考力の芽生え

例）自然と関わる楽しさを感じ、身近に存在する川の水に触れることでの気付きが得られることができる

…川の水に触れ、流れの強さや冷たさを感じ取ったり、河原には様々な形の石などが存在していることに気付いたり、それら身近な自然に触れることで、遊びを通じて多様な関わり方を発見する。また友達が、河原にはきれいな模様がある石が混じっ

ていることに気が付いたりした場合、それらを自分も見つけたいと考え、石の模様や色等に着目しながら自分の好きな石を探し出すようになる。

（7）自然との関わり・生命尊重

例）生き物の飼育を通して命の大切さに気付き、自分の命についても考えることができる

…川の生き物をとらえて、水槽に入れるなかで、どのような環境であれば生き物が長く生きていられるかについて考えたり、あるいは、飼育していた生物との死別により、生き物に命があることについて考えたりすることにより心が動かされ、命の大切さに気付くなど、身近な生き物を通じて自分の命についても考えることができる。

（8）数量や図形、標識や文字などへの関心・感覚

例）水辺の植物の様相や生き物の体形など、多様な形に気付くことができる

…河川敷に生息する植物の様相や川で捕まえた魚や水生生物などを観察することを通じて、それぞれの生き物の形が違ったり、魚の雌雄でも異なる模様があったり、捕まえた生物の数を数えたり、河川敷には「ここはあぶない」「およいではいけない」といった様々な標識がある場合もあることなどを知るようになる。

（9）言葉による伝え合い

例）体験から得た様々な気付きは積極的に友達と共有したいと思うようになることができる

…河川敷や河原、砂場での水遊び等で教師や友達と活動をしながら、河原の石はコケでぬるぬるしている、川の水面が光に反射してキラキラしているなど、豊かな言葉や表現を身に付け、経験したことや考えたことなどを言葉で伝えたり、共通の体験をしたことによって、相手の話をより注意して聞いたりし、言葉による伝え合いを楽しむようになる。

(10) 豊かな感性と表現

例）川や水遊びを通じて、自然の法則や自然の雄大さを感じることができる

…ライフジャケットを着用して浮遊する感覚を得たり、川の流れに身を任せたり、くるぶし程度の水位でも流れが速い場合は自身に受ける水の圧力が大きいことに気付くなど、自然のもつ力を感じたりして心が動かされる。河原の砂や泥に触れることにより、それらの感触の違いについて気が付いたり、感じたことや考えたことを自分で表現したり、友達同士で表現する過程を楽しんだりし、表現する喜びを味わい、意欲をもつようになる。

2.3　河川・水の提供する環境及びその環境を活用した遊び・活動とその価値

河川・水は、直接触れ・遊ぶことができる身近な自然そのものであり、諸感覚が刺激されるとともに、水が流れ水辺の動植物などが生息するなどの多様な環境として存在する。幼児はそうした環境のなかで、水と関わり、遊ぶことにより、安全に遊ぶことの必要性を学ぶ。また、水は冷たい・気持ちが良い等の感覚や水面が揺れる・流れがある等の事象について、他者と関わりながら様々な刺激を受けるとともに、美しい・汚れている等を感じ取る感性が磨かれる。笹舟などの伝統的な遊びを地域の人々に教わりながら浮かばせる・流す等の経験を得たり、風の音や鳥の声など河川敷にある動植物の色や形、音等に気付いたりしながら、自然と関わり、生き物と接することで更なる好奇心や探究心を高めながら、自然への愛情や生命の大切さに気付くようになるとともに体験したことをもとに絵などでそれを豊かに表現しようとする。

また、砂場の砂に少量の水を含ませることにより砂がにぎりやすくなる、形をつくることができる、大量に含ませると崩れるなどの関係性に気付きながら、砂山やトンネルづくりなどを通じて創造力を働かせながら素材を用いて試行錯誤をして工夫・表現し、友達と共有したり協力したりしながら水の性質を用いた遊びを通じて様々なことを学んでいく。そして、ホースの先端を絞ると勢いよく散水されることなどを遊びながら感覚的に覚えたり、雪の日には氷の冷たさを感じることや、軒先に氷柱ができること、日陰に比べ日なたに置いた雪だるまの方が先に溶け出すなどの不思議さに気付いたりする。

さらに、病気にならないように手洗いやうがいをする、水分をとるなど、日々の健康な生活には水が欠かせないことや、飼育や栽培等においても生命の維持に水が不可欠であることを学ぶ。

　このような多種多様な「河川・水の提供する環境及びその環境を活用した遊び・活動」の具体の例として、「園外（堤防・河原・川の中）」・「園内（ビニールプール・砂場など・園庭・園舎内）」のフィールドに大別し、それぞれの環境における「遊び・活動（例）」を整理した。

　なお、体験を伴う活動において、安全面は最重要項目となる。川に入る・近づくような活動においてはライフジャケットを着用するなどの最低限の安全管理を行うことに留意する必要がある。

（1）河川・水の環境（園外）とその環境を通じた遊び・活動例

　園外において、近くに適度な川がある幼稚園では河原での活動や（川の状況や装備、スキルや体制等に応じ）川の中での活動を行うことができる。例えば河原においては、石や流木で遊んだり、川の自然や風景、四季の変化、流れの様子・音、晴れの日・雨の日の流れに気付いたり、河原の生き物（ホタル、野鳥、草花、樹木など）を観察するなどの活動ができる。川の中では、川の水に入る・浮かぶ・流れる等の体験を通じ、「流れる方向に足を向ける」などの危険に対する身の守り方を学ぶことができ、水中の生き物（魚、カニ・ザリガニ、昆虫）観察と飼育などを行うこともできる。高水敷の広い堤防等では芝生でそりすべりをすることができるが、傾斜がゆるやかな場合は勢いよくすべることができない。このことから、同一条件においては傾斜の度合いにより、高いところから低いところへと移動する速さに違いがあることを、幼児なりに感覚で捉えることができる。

【堤防】
　①土手のそりすべり
【河原・高水敷】
　②河原の石や流木で遊ぶ
　③川の自然観察

④河原の生き物観察（昆虫、野鳥など）

【川の中】

⑤川に入る・浮かぶ・流れる

⑥水中の生き物観察（魚、水生生物など）

(2) 河川・水の環境（園内）とその環境を通じた遊び・活動例

　園内においては、ビニールプールや砂場・園庭、園舎内などでの活動を行うことができる。例えばビニールプールでは、水に触れる、水の性質（冷たさ、浮力）、水の中での体の動かし方、地面とは勝手が違う活動の場であることに気付くことができる。また、水車等の水を使ったおもちゃでの遊びで水の不思議を体験する、一つの方向からタライやビニールプール内に水を勢いよく入れたり、タライやビニールプール内の水を大きく回したりすることによって疑似的に流水を体験する。ビニールプール内に水を多く入れ体を揺らすと、水が大きく揺れ動き体が浮くことに気付くなど、水のボリュームや力を感じる活動もできる。

　砂場などでは砂山をつくって水を流す（水の流れ方、水は地面を削る）、砂像をつくる、泥団子をつくる（水は砂や土をくっつける、泥は乾くと固くなる）、水で洗い流す（ホースを用いる等）などの活動ができる。園庭などでは、水鉄砲、噴水遊びのほか、雨の日の園庭やビオトープ（雨が降ったあとは水たまりができ、植物が生き生きする）の様子に気が付いたり、水たまりは同じような場所にたまったり日陰ではしばらく消えずに残っていることに気が付いたり、雪遊び（氷柱や雪をつかった遊び）では、日なたと日陰での溶け方等が異なる等の様子に気が付いたりする。

【ビニールプールなど】

⑦ビニールプール等での水遊び

【砂場など】

⑧砂場遊び

【園庭・ビオトープなど】

⑨水を使った工作や遊び（水鉄砲遊びなど）

⑩雨の日の園庭観察（水たまりができる、植物が生き生きする）

⑪雪遊び（氷柱や雪をつかった遊び、日なたと日陰での溶け方等）

【園舎内】

⑫水槽内での飼育・観察

「次期学習指導要領等に向けたこれまでの審議のまとめについて（報告）」（平成28年8月文部科学省）では「幼児教育においては、幼児期の特性から、この時期に育みたい資質・能力は、小学校以降のような、いわゆる教科指導で育むのではなく、幼児の自発的な活動である遊びや生活の中で、感性を働かせてよさや美しさを感じ取ったり、不思議さに気付いたり、できるようになったことなどを使いながら、試したり、いろいろな方法を工夫したりすることなどを通じて育むことが重要」であることが述べられていることから、上記のような、河川・水の提供する環境及びその環境を活用した遊び・活動の例については、各領域や活動内容に限定されるものではなく、総合的かつ統合的に扱うことが望ましいと考えられる。

2.4　まとめ

本節では、幼児教育において、身近かつ豊かな体験を伴う河川・水の学びによる学習を進めることにより、幼児教育で重視される環境と遊びを通して育む資質・能力に対して以下の特徴をもって貢献することができることを整理した。

（好奇心や他者との関わりのなかで感性等を育成）

①川に関係する本物の事象に触れあう中で、子どもが遊びを通じて主体的に学ぶことができ、友達との協力や対話の中で様々なことに気付く

②健康・人間関係・環境・言葉・表現の5領域にわたり、不思議さや驚き、楽しさを伴いながら一人ひとりの興味に合わせた学びにつながっている

③幼児期から河川・水に触れる機会をつくることで、自ら学びに向かう力が育ち、遊びから学びへと小学校低学年における意欲・主体的な学びの向上のための基礎がつくられる

第4章 幼児教育・生活科 編

　「次期学習指導要領等に向けたこれまでの審議のまとめについて（報告）」（平成28年8月文部科学省）において、幼児期の「様々な体験等を通して培われた「見方・考え方」は、小学校以降において、各教科等の「見方・考え方」の基礎になるとともに、これらを統合することの基礎ともなるものである」と示されている。

　同時に、「近年、国際的にも忍耐力や自己制御、自尊心といった社会情動的スキルやいわゆる非認知的能力といったものを幼児期に身に付けることが、大人になってからの生活に大きな差を生じさせるという研究成果をはじめ、幼児期における語彙数、多様な運動経験などがその後の学力、運動能力に大きな影響を与えるという調査結果などから、幼児教育の重要性への認識が高まっている」と述べられており、幼児教育での遊び・活動の重要性が示されている。

　本節で述べたように、河川・水は、「幼児が身近な環境に主体的に関わり、環境との関わり方や意味に気付き、これらを取り込もうとして、試行錯誤したり、考えたりする」という幼児教育における見方・考え方を踏まえ、河川・水の提供する環境及びその環境を活用した遊び・活動を通じ、五つの領域における具体的内容に照らしたプログラムをバランスよく実施することで「幼児教育において育みたい資質・能力」が育まれることに貢献できる。そしてそれらの資質・能力が育まれている幼児の具体的な姿として示されている「幼児期の終わりまでに育ってほしい姿」に対しても具体的な貢献をすることができることとあわせ、それらが小学校以降における各教科等の「見方・考え方」の基礎になることも期待される。

第3節 生活科への貢献

3.1 生活科の教科目標と河川・水の学び

小学校学習指導要領（平成29年告示）解説 生活編（以下、学習指導要領解説（生活編）という）において、生活科の教科目標は以下のように示されている。

「具体的な活動や体験を通して、身近な生活に関わる見方・考え方を生かし、自立し生活を豊かにしていくための資質・能力を次のとおり育成することを目指す。

(1) 活動や体験の過程において、自分自身、身近な人々、社会及び自然の特徴やよさ、それらの関わり等に気付くとともに、生活上必要な習慣や技能を身に付けるようにする。【(育成することを目指す資質・能力) 知識及び技能の基礎（生活の中で、豊かな体験を通じて、何かを感じたり、何に気付いたり、何が分かったり、何ができるようになったりするか)】

(2) 身近な人々、社会及び自然を自分との関わりで捉え、自分自身や自分の生活について考え、表現することができるようにする。【(育成することを目指す資質・能力) 思考力、判断力、表現力等の基礎（生活の中で、気付いたこと、できるようになったことを使って、どう考えたり、試したり、工夫したり、表現したりするか)】

(3) 身近な人々、社会及び自然に自ら働きかけ、意欲や自信をもって学んだり生活を豊かにしたりしようとする態度を養う。【(育成することを目指す資質・能力) 学びに向かう力、人間性等（どのような心情、意欲、態度などを育み、よりよい生活を営むか)】」

児童の身近にあり、体験や諸感覚を通しての学びをすべての学校において提供することができる河川・水の学びは、幼児教育を踏まえた学びの連続性が重視される生活科において基本とされる「具体的な活動や体験を通した学び」と合致する。

河川や水を生活科における活動や体験の場や教材とすることにより、例えば、川の

流れや川の景色の四季の移り変わりを見る、川の流れや川に吹く風の音、川にいる動物の鳴き声を聞く、川を流れる水に触れる、川の石や流木を使って造形する、川に棲む魚や昆虫を探す、川に棲んでいた魚を飼育する、河原や水を使って遊ぶなどの多様な活動や体験をすることができる。このように多様な活動や体験をすることができることから、言葉、絵、動作、劇化などの表現する学習活動にも多様性を与えることができる。すなわち、川や水は、優れた活動や体験の場として、さらに教材として生活科に貢献することができる。

　川は家や通学路、学校の近くに存在する。用水路や雨は降ったときの校庭の水の流れなどを含めれば川はいろいろなところに存在する。雨はどこにでも降る。降った雨は斜面に沿って流れ、しみ込んだりする。水が残った箇所は水たまりとなるがやがて蒸発する。生活に水は必ず使われている。このように、河川や水は身近なものであり、このこと自体が身近な生活に関わる見方・考え方を生かすことに貢献できると考えられる。

　また、水は人の生活や社会経済活動になくてはならないものであり、河川には豊かな自然が存在し地域に潤いや憩いを与えているが、時には氾濫により災害をもたらすことがある。このように、河川や水は、人や自然、社会と密接に関わっていることから、河川や水を通じて、身近な人々、社会及び自然と自分自身の関わりを容易に捉えることができる。例えば、家庭に水がきて快適な生活が送れることの背景には水インフラと社会のしくみとそれを整えてきた人々の努力があることや、川が人々の憩いの場であることの背後には、自然を大切にしたり、利用しやすいようにしたり、水質を良くしようとする人々や社会の努力があることや、災害については大雨になっても川から洪水が氾濫しないようにしたり、氾濫しそうなときには助け合って避難を働きかけて人々の命を守ろうという社会のしくみや人々の努力があり、そのような中で、自分や自分の家族は暮らしているということに容易に気付くことができる。そのような関わりを踏まえて、よりよい生活に向けて思いや願いを実現しようとすることに貢献することができる。すなわち身近な生活に関わる見方・考え方を生かすことに貢献できる。

　なお、成長とともに、周囲との関わりとその多様性が増すとともに、一つひとつの関わり自体も深まっていくことになるが、河川や水は人、社会や自然との関わりの長い歴史を有しており、成長に合わせた学びの素材、題材を提供し続けることができる。

児童の生活圏及び学校の身近にあり、体験や諸感覚を通しての学びを提供することができる河川・水の学びは、川や水辺での活動や体験の過程において、例えば川の流れの強さを一緒に学ぶ児童と感じたり、地域に住む身近な人々に自分の安全を守る方法や遊びのルール、川の特徴等に気が付かせてもらったりすることができる。また、活動の場としての川という自然の特徴やよさなどの知識とともに、それらの関わり等に気付くとともに、学校周辺を探索することで、身近な川の水が流れている方向を確認したり、河川敷全体を広く見たりしながら鳥の声を聞いたり、水に触れたりしながら、生活上必要な習慣や技能を身に付けるようになる。

　そして、例えば、学校付近の用水路に目を向けることにより、用水路が田んぼにつながっていること、そして田んぼで収穫されたお米を私たちが食べていること等の要素間のつながりに気が付かされる。このことにより、地域に住む身近な人々、地域社会及び川を中心とした自然について、自分と切り離すのではなく、自分とどのような関係があるのかを意識しながら、川や水のもつ特徴や価値を見いだすことができ、それらを友達と話し合ったり表現したりする中で新たな気付きが生まれる。

　また、河川敷の植物や昆虫、川の中の生き物などに接近して働きかけたりするなかで、ドキドキやワクワクした気持ちが生まれ、生き物等を捕まえたりする活動の楽しさや満足感、成就感を味わえたりしながら自分のよさや可能性について気付いたりする。

　このように、河川・水は身近な場所で触れることができ、かつ実生活・実社会と密着していることで、水に関する知識も学ぶことができ、生活科で重視される「具体的な活動や体験を通して育む資質・能力」に貢献できる。水の存在や、水が人間や生物にとって不可欠な存在であることを理解するとともに、幼児期に得た感覚レベルの水の性質についての認識が、新たに学んだ水に関する知識とつながる。特に「幼児期の終わりまでに育ってほしい姿」を踏まえた指導を工夫することにより児童が主体的に自己を発揮しながら学びに向かい、生活科における、「身近な生活に関わる見方・考え方」で示されている「身近な人々、社会及び自然を自分との関わりで捉え、比較、分類、関連付け、試行、予測、工夫することなどを通して、自分自身や自分の生活について考えること（筆者による要約）」について幼児期の川や水における遊びで得た発見等と関連付けながら学びを深めることができる。

第4章　幼児教育・生活科 編

　河川・水の学びの生活科への貢献範囲は、学校を含む地域社会において、水害リスクの軽減に努めている人の取組の理解から、家庭での水利用、通学路での水害の危険やその回避方法の学習、河川敷等を中心とした公共物や公共施設を利用することや、川という身近な自然の観察や季節の変化を感じ取ること、川や水を使った遊びや自然材料を用いた活動、水棲生物の飼育ができるようになること、川や水での体験活動を通じた具体的な出来事を身近な人々に伝えることができるようになるなど、川や水を活用した活動において生きた知識や技能を習得し、自分自身の成長につながり、それが更なる意欲となる。

　河川・水の学びは「水」が存在する屋内の水槽からプール、そして身近な水辺や川をフィールドとして行う活動、水を切り口とした地域社会との関わりを通じた見方の変化や概念の形成など多岐にわたる。こうした場や対象として河川・水を捉える中で、諸感覚を通した感性を高め・育むとともに相互に関連するさまざまな事象に気付く、更なる興味・関心を持つ。子どもの成長に応じ、自ら調べ・学ぶことを繰り返し体験することを通して、意欲や自信をもって学んだり生活を豊かにしたりしようとする態度を養うことができると考えられる。

　また、人間として成長していく上で、諸感覚を通して育まれる感性を高めることも重要であり、河川・水に触れるなどの諸感覚を通した活動により、好奇心が芽生え、気付きから更なる探究心へと展開するなど、さまざまな学びや体験を通じて自立し生活を豊かにしていくための資質・能力が育まれる。

3.2　生活科の内容の9項目に照らした河川・水の貢献例

　生活科の内容には、9項目（(1) 学校と生活、(2) 家庭と生活、(3) 地域と生活、(4) 公共物や公共施設の利用、(5) 季節の変化と生活、(6) 自然や物を使った遊び、(7) 動植物の飼育・栽培、(8) 生活や出来事の伝え合い、(9) 自分の成長）があり、これらの項目あるいは複数の項目を組み合わせて単元が構成される。

　この9項目を踏まえ、学校での学習や家庭や地域社会等の学校外での多様な活動の中で、身近な自然の一部でもある川や水辺をフィールドとした体験活動などの諸感覚

を通した関わり等から得られる具体的な活動や体験として次のような事項が考えられる。

内容（1）学校と生活

　通学路にある水害の危険や避難方法を示す標識や防災無線などによる注意喚起・天気等の情報などから（対象）、通学中における自然災害についての危険と危険から人々を守るしくみやそれに関わっている人々がいることに気付き（気付き）、安全な登下校を心がけようする（態度・行動）ことへの貢献が期待できる。

　このことは生活科の内容に示されている「児童が学校の施設の様子や学校生活を支えている人々や友達、通学路やその安全を守っている人々や、それらが自分とどのように関わっているかを考え（中略）それらがみんなのためや安全な学校生活のためにあることの意味を見いだす」「安全については、自然災害、交通災害、人的災害の三つの災害に対する安全確保に配慮する」に該当する。

内容（2）家庭と生活

　皿洗いや風呂掃除等の手伝いから（対象）、水を使うことで自分の役割を果たせること、そして使った水が流れて行きその汚れがどこにたどり着くかという疑問から川の水と家庭の水とのつながりに気付き（気付き）、家庭生活において自分にできることを積極的に行おうとすることとともに使いすぎないことや必要以上に汚さないようにする（態度・行動）ことへの貢献が期待できる。

　このことは生活科の内容に示されている「自分の役割を積極的に果たし、それが家庭生活の役に立っていることを実感した児童は、自分に自信をもって生活することができるようになる」に該当する。

内容（3）地域と生活

　地域で川や水に関わって働いている人（稲作農家、川の漁師など）に関わり（対象）、人々は自然（川、水）からの恵みを受けて生活していることに気付き（気付き）、地域の自然を大切にしようとする（態度・行動）こと、また、普段遊んだり親しんだりしている川について（対象）、水が流れていく方向や、晴れの日と雨の日の流れの速

さなどの違いに気付き（気付き）、安全に接しようとする（態度・行動）ことへの貢献が期待できる。

このことは生活科の内容に示されている「地域の場所やそこで生活したり働いたりしている人々について考え、それらが自分たちの生活を支えていることや楽しくしていることが分かり、地域に親しみや愛着をもち、人々と適切に接することや安全に生活できるようにする」「地域の人々や場所と実際に関わることを通して、より安全な遊び方や場所・物の使い方、人々との接し方を児童自身が身に付けるようにしていく」「児童が、その場の状況を捉え、危険を予測して行動できるようにする」に該当する。

内容（4）公共物や公共施設の利用

河川敷や親水公園等で（対象）、公共物や公共施設に関わり、気持ちよく使うために清掃等している人たちがいることに気付き（気付き）、自分にできることを行おうとする（態度・行動）ことへの貢献が期待できる。

このことは生活科の内容に示されている「児童は単なる利用者という立場を越えて、公共の意識をより一層高めていくとともに、自分自身の力でよりよい生活をつくり出していく態度を身に付けていく」に該当する。

内容（5）季節の変化と生活

身近な川の自然（河原の様子、流れる水、景観、雨が降った後の水たまりなど）や生き物（魚、水生昆虫、ホタル、野鳥、草花、樹木など）を探検し（対象）、四季による違いや晴れの日と雨の日の後の川の流れの様相、濁り具合の違いなどに気付き（気付き）、自然の変化や魅力を実感し、自然の面白さに積極的に関わろうとする（態度・行動）ことへの貢献が期待できる。

このことは生活科の内容に示されている「身近な自然の共通点や相違点、季節の移り変わりに気付いたり、季節の変化と自分たちの生活との関わりに気付いたりする」「自然との触れ合いや行事との関わりの中で、気付いたことを毎日の生活に生かし、自分自身の暮らしを楽しく充実したものにしようとする」「ここで取り上げる身近な自然とは、児童が繰り返し関わることのできる自然であるとともに、四季の変化を実感するのにふさわしい自然である」に該当する。

内容（6）自然や物を使った遊び

　水を使った遊び（噴水・水鉄砲、コップからあふれない水、浮き輪、色水の移動、砂像づくり、砂場での水遊び等）により（対象）、水の性質（圧力、表面張力、浮力、毛細管現象、粘着力等）や働きに気付き（気付き）、また、川での遊び（水に入る・浮かぶ・流れる、河原の石・流木、石の下の昆虫調べ、水中眼鏡）により（対象）、川の力、高低差、冷たさ、流れや川にある自然物や生き物の不思議さなどに気付き（気付き）、自然と楽しく関わろうとする（態度・行動）ことへの貢献が期待できる。

　このことは生活科の内容に示されている「遊びの面白さとともに、自然の不思議さにも気付く」「自然の中にきまりを見付ける（中略）自然の事物や現象がもつ形や色、光や音など自然現象そのものが児童に与える不思議さ」「自分と友達などとのつながりを大切にしながら、遊びを創り出し、毎日の生活を豊かにしていく」に該当する。

内容（7）動植物の飼育・栽培

　川に棲む魚や生き物を飼育し、水の中で生きる生物をお世話し（対象）、生命の多様性と不思議さに気付き（気付き）、生物や生命を大切にしようとする（態度・行動）ことへの貢献が期待できる。

　このことは生活科の内容に示されている「動物を飼うことは、その動物のもつ特徴的な動きや動物の生命に直接触れる体験となる。また、植物を育てることは、植物の日々の成長や変化、実りが児童に生命の営みを実感させる」「動物を飼うことも植物を育てることも、継続的に世話をし、繰り返し関わる過程で、生命あるものを大切にする心を育む価値ある体験となり、そのことが生命の尊さを実感することにつながる」に該当する。

内容（8）生活や出来事の伝え合い

　川での活動や栽培等の水を扱った活動を（対象）、友達と一緒に行うことで交流することの良さに気付き（気付き）、活動を通じて得た思いを友達や地域の人々に積極的に伝えようとする（態度・行動）ことへの貢献が期待できる。

　このことは生活科の内容に示されている「共に関わる中で目的を達成していくことで、相手のことや相手が伝えたいと考えていることを理解することのよさや楽しさを

実感していく」「伝えたいという強い思いや願いを児童が心に抱くよう、活動や体験を充実させることが重要になる」に該当する。

内容（9）自分の成長

　川で生物を調べることができたり、飼育することができたりすることで（対象）、自分にできるようになったことが増えたことや、それを支えた他者の存在に気付き（気付き）、さらに挑戦しようとしたり意欲的に生活しようとする（態度・行動）ことへの貢献が期待できる。

　このことは生活科の内容に示されている「技能が習熟し様々なことができるようになったこと、自分の役目が増え役目を果たすことができるようになったことなどに気付く」「目標に向けて努力したり挑戦したりして主体的に関わるなど、意欲的に活動する姿になって現れてくる」に該当する。

　以上のような、具体的な活動や体験を通した河川・水の学びの例については、各内容に限定されるものばかりではなく総合的かつ統合的に扱うとともに、生活科を含めた各教科等の学習と横断的に扱うことが望ましい。あわせて、体験を伴う活動には安全面を最重要視する必要があり、川に入る・近づくような活動においてはライフジャケットを着用するなどの最低限の安全管理を行うことが必要である。

3.3　生活科の学習内容と他教科等との関連・中学年以降の教育への接続

　こうした、具体的な活動や体験を通した河川・水の学びは、**第2章**「総合的な学習の時間編」及び**第3章**「理科・社会科編」で述べた中学年・高学年で扱う総合的な学習の時間及び各教科等での学習事項へと結びつく学びの基礎となる。あわせて、河川・水を通した幼児期の遊びで感じた自然や生命の美しさ、不思議や神秘、ふるさととしての情景は、小学校での国語の言語活動、音楽科や図画工作科等における豊かな表現活動に貢献することも期待できる。

　河川、水を通じた学びを行うことにより、低学年における生活科以外の他教科及び

中学年以降の各教科等を通じ、学んだことのつながりが生じる。

　そのことの一例として以下のテーマを示す。

（生活での水の使われ方から、公共・産業での水の使われ方へ）

　・家庭で水を使っている（身近な使われ方）　→学校でも使っている→図書館や博
　　物館、市役所、公園などで使っている（公共的な使われ方）　→米づくりや畑作
　　に使われている、工場で使われている、発電にも使われている（産業的な使われ方）

　気付きが、身近なところから、公共的なところ、さらには産業的なところへと自然
に広がっていくことがわかる。

（生活での利用から、社会のしくみや水をもたらす自然のしくみへ）

　また、生活で使う水はどこから来ているかに着目すると、

　・家庭・学校の蛇口（身近な利用の接点）　→水道管がある→浄水場がある→河川、
　　ダムから取水している（社会のしくみ）　→山に降る雨・雪→雲（自然のしくみ）

　というような展開となり、身近な利用から、水を届ける社会のしくみや水をもたら
す自然のしくみに気付きが広がっていく。

（生活での利用と自然への影響へ）

　水はどこへ行くかに着目すると、

　・家庭の台所やトイレ（身近な排水の接点）　→下水道　→下水処理場　→河川（社
　　会のしくみ）→川には地域で利用された水が入ってくる　→川にはごみなども流
　　れてくる　→人や社会の活動の影響が川には表れているようだ（人と環境との関
　　わりの気付き）　→自分の生活も環境に影響を与えているかもしれない　→どう
　　いうことに気を付けないといけないか考えよう（とるべき態度への気付き）

　というように、人と環境との関わりに気付き、自分がとるべき態度にもつながって
いく。

（身近な自然環境から、社会への関わりへ）

　一方、河川の自然環境に着目すると、

・河川には、草木がある、石がある、流木がある、流れがある、川魚や水生昆虫がいる、公園や運動場がある　→草木（→四季の変化、鳥の巣、外来種の存在など）・石（場所による形や大きさの違い→流れる水の働きへの気付き）・流木（なぜ流木があるのか→洪水現象への気付き）・流れ（場所による流れ方や速さの違い→自然現象の原理や自然の力）・川の生物（生息環境としての川の役割→川の環境が変わると生息する生物も変わる→環境と生物の関わり）・公園や運動場（→人々は自然を上手に活用している）

など、自然の様子や移り変わりに気付くだけでなく、自然現象や自然の原理、自然のなかの生物同士の関わり、自然と人との関わりに発展する様々な気付きの素材が存在していることがわかる。

（身近な校庭から、地域の水害と社会のしくみへ）

また、晴れの日と雨の日の身のまわりの水の様子や川の様子を比べてみることにより、

・雨が降ると校庭では水が集まって水たまりができる　→さらに雨が続くと水たまりから溢れて道路の方に流れていく　→道路を流れる水を追いかけると側溝に入っていく　→さらに追いかけると近くの川に流れ込んでいる（雨水の動き、高い方から低い方に流れる）　→近くの川はさらに大きな川に合流している　→川の水量は普段より多く、流れも速くなっている（川の性質→流量が増えると流れは速くなる）　→地域の人が土を入れた袋をたくさん川の近くに準備している　→市役所が避難に備え、避難先や避難経路を確認するよう呼び掛けている　→テレビ・ラジオでは川の水位が急上昇していると伝えている　→インターネットで川の画像や水位などをみることができることを知った　→市役所が避難するよう呼び掛けている　→家族と一緒に避難所に避難した　→避難所ではいろいろな人たちが避難していた人の面倒をみていた（災害から人々を守る活動）　→自分もできるお手伝いをした／したいと考えた

というように、水害が発生するしくみや水害に対する人々の働きや社会のしくみを直接体験しながら気付いていくことができる。

（身近な川の施設から、社会のしくみへ）

　さらに、河川にあるいろいろな施設について調べてみることによっても、地域との多様な関わりに気付くことができる。

　　・川にある施設などを調べてみる　→水をためる施設（ダムなど）、取水する施設（堰、樋門・樋管、水路など→農業、飲料、工業、発電）、防災のための施設（堤防、護岸、水門、遊水地、放水路など）、利用のための施設（船着き場、公園・運動場、遊歩道・桜並木、レクリエーション施設など）、その他（歴史的施設、水産業施設、観光施設など）がある　→施設の目的や役割を調べてみる（地域の特徴や課題等に気付くことができる・現在）　→施設の整備の歴史や関わった人々の働きを調べてみる（当時の地域の人々の願いや思いに気付くことができる・過去）　→地域のためにこれから自分ができることを考えてみる（未来）

　このような施設の学習を通じ、河原に小さな水路をつくり、そこに川から水を引いて小さな川をつくる活動も展開できる。図画工作で学んだ造詣の技能を生かし、水路の幅や蛇行のさせ方、水の取り入れ口や吐き出し口の位置などを変えて、いろいろなタイプの水路をつくることにより、水の流れ方が違ってくることに気付くことができ、その経験はその後の理科などの学習に生かすこともできる。

（本物の実感・体験から豊かな表現へ）

　河川は、自然を直接体験できるフィールドであることから、本物を実感・体感できる場であり、多様性のある学びの場である。

　　・身近な河川の観察・体験から、流れがある、石や岩が存在、流れの音、水の冷たさ、川に吹く風、川の風景、多様な生き物（動物、植物）が生息・生育している（自然の中の命の存在を知る、川は命を育む存在である）　→　高い山から土地の低い方へと流れやがて海に至る過程で姿が変化していく、四季の変化がある　→体験や実感に基づいた理解により自身の言葉や表現が豊かになる。

　すなわち、季節の変化と生活に関する学習活動を行うことに適した場であり豊かな感性の醸成とともにそれらの感覚に基づいた表現活動の動機付けとなったり、題材となったりする要素を豊富に有している。こうした、自然や生命の美しさ、不思議や神秘、ふるさととしての情景は、小学校での国語の言語活動、音楽科や図画工作科、体

育科での表現や創作活動につながっていく。

　このように、水は気付きの素材であり、河川は気付きのフィールドであり、気付きの材料が豊富に存在している。そして、身近なところから人々、社会及び自然へと多様で多面的な学びのつながりを生む。このように身近な自然から、地域の人々、社会及び自然との関わりへとつながり、生活や身近な自然と社会との関わりから自分自身の態度について考えるところまで導くことができる。なお、それらの学びには無数のテーマが存在していることから、気付きの重なりにより知識の概念化にも貢献できるものと考えられる。

3.4　まとめ

　河川・水の学びは、既述のように、体験や感覚を通しての学びをすべての学校において提供することができる。これにより諸感覚を通じて知識が言葉や事象とつながっていく。

　全国どこにでもあり、地域性が強く多様であるとともに、普遍性も併せ持つ河川は、直接触れることができる身近な自然そのものであり、かつ地域社会との関わりも深い。また、日々の豊かな生活において水は必要不可欠であるとともに、多くの人々が関わることで社会の中での循環が成り立っている。

　児童の生活圏には大なり小なりの川が存在し、家庭や学校で蛇口をひねれば水が得られる。水を扱うことで飲料・洗浄等を行うことができ、衛生や健康が維持される。時には冷凍庫で凍らす、お湯を沸かす、器を用いて移し替える、植物等の水やりをする等の活動を通じ、日々の自分の生活と水との関わりに気付いたり、実感したりすることができる。用水路が田んぼなどとつながっていること、小さな川が流れている先にはより大きな川があることなど、河川・水の学びは、生活科において重視される、対象を自分との関わりで捉えて気付く力を向上させるとともに幼児期の感覚をベースとしながら、生活科という教科の学びへと移行することができる。

　特に、低学年の段階では、地域の川の存在に気付くこと、それを直接見るあるいは

触れることによる体験を通じてありのままの川の姿を捉えることが重要である。その中で、児童は、水の冷たさ、季節の変化といった諸感覚を働かせた体験や川に棲む生物や野鳥、河川敷の野鳥といった生物が存在することなどを認識することで、ありのままの自然そのものを自分自身との関わりで捉え、生きた経験や知識として蓄積していく。つまり、幼小学校低学年においては、水に関する知識も学びながら、水の存在や、水が人間や生物にとって不可欠な存在であることを理解するとともに、幼児期に得た感覚レベルの水の性質についての認識が、新たに学んだ水に関する知識とつながる。

そして、このような活動や体験が、小学校中学年以降の理科や社会科、総合的な学習の時間などを中心として学ぶ河川・水に関する学習に確かにつながっていく。

このように、低学年における学習経験は、河川・水が上下水道をはじめとして学校や家庭及び地域の生活に関わっていることに気付くための素地となり、対象を自分との関わりで捉えて気付く力の向上、概念形成への移行となる。

公共物である河川は、ただそこを流れているだけでなく、人々の生活との関わりが色濃く反映されている。時には汚れていたり、ごみが落ちていたりすることがあるのは、地域社会の中で人が作用した結果の一つでもあり、適切に維持・管理を行うためにはそれも人が作用する必要がある。そうした自然と社会、そしてその社会の一員であることを自覚するとともに必要な行動を自分自身が貢献できる範囲で考えることもできる。あわせて、川で遊ぶ際には流れの速さを感じたり、安全管理がなされた状態での危険回避方法等を学んだり、他者と協働しながら安全に活動することの重要性に気付く。

以上のように、身近かつ豊かな体験を伴う河川・水の学びによる学習は、具体的な活動や体験を通して資質・能力を育む生活科における学びの更なる充実に貢献すると考えられる。

第5章

段階的発展が可能な河川・水の学び 編

- 第1節 段階的発展が可能な河川・水の学び
- 第2節 「教科等横断的な学び」への貢献
- 第3節 「学習の基盤となる資質・能力」育成への貢献

第5章では、幼児教育及び小学校以降の学習における河川・水の学びの価値について総括的な整理を行う。

　第1節では、子どもの発達に応じて、河川・水の学びは、つながりを持ちながら段階的に発展していくことが可能という観点から、発展の段階に応じた河川・水の学びの教育的価値について、幼児教育、生活科、理科・社会科、総合的な学習の時間を対象に整理する。

　幼児期から小学校（最終的には大人）まで、教育の過程において子どもが段階的に知識や思考力を蓄積・発展させていく上で、河川・水は、各段階において子どもの習熟に応じた学びを提供し続ける学習材だといえる。簡単に実物を活用可能であり、子どもの発達の過程において一貫した学習の伴走者であるともいえる。また、河川・水の学びは、多様な分野にわたるものである。

　このように学年があがるに従い教育の要素である各教科の内容が高度化するとともに、知識や理解等の幅（多様性）も同時に広がっていく、学校教育において、河川・水の学びは、習熟段階に応じて、常に（ほぼ無限に）大きな教育効果を及ぼす唯一無二の学習材であると言える。

　第2節では、「教科等横断的な学び」への貢献について整理する。河川・水という存在は、それ自体が種々の教科等（理科、社会科等）の学習内容を包含している。また、河川・水は身近に存在するものであり、その特徴や挙動は目につきやすく、理解しやすいものである。このため、河川・水の学びを通して、各教科の個別の単元の習得を助けるとともに、異なる単元や各教科等において学習した個別の知識を縦断的・横断的に結び付けたりすることで、これら知識についての統合的な理解を無理なく進めることができる。またこのような統合的な理解に至る経験を通して、知識と生活との結び付きの理解や事象についてのより深い考察ができるといったようなシステム思考の習得と学習の基盤づくりへと児童・生徒を導くことが期待できるものである。

　そして、第3節ではそれら河川・水という存在自体が「流域」や「水循環」という捉え方を鍵にしつつ種々の教科等（理科、社会科等）の学習内容を包含していることを踏まえ、「教科等の枠組みを越えた資質・能力」の育成として①「言語能力、情報活用能力、問題発見・解決能力等の学習の基盤となる資質・能力」及び②「豊かな人生の実現や災害等を乗り越えて次代の社会を形成することに向けた現代的な諸課題に対応して求められる資質・能力」を養う上で、各単元・教科等の縦断的・横断的な視点に即して河川・水の学びが貢献しうる事項を検討する。

　特に「学習の基盤となる資質・能力」との関係においては、体験によって学んだことと教科等の学習で学んだことが相互に関連することで、より具体的な表現力の向上につながることが挙げられる。次に河川・水に関する様々な情報の組み合わせという技能は、事象の原理原則を理解した上で、各情報のもつ意味をつかむことにより可能となることとあわせ、見いだした気付きを基に、自分自身でさらに新たな情報を調べ、活用しようとする意欲の増進にも至る。さらに、このようにして真の問題発見・解決能力を養うためには、情報を精査し、本質的な課題に対して、物事を部分と全体として捉え、部分（要素）についてはつながりや相互作用を意識しつつ、全体を俯瞰的、体系的に捉えること、すなわちシステム思考を働かせることが問題を適確に把握し、より良い解決策へとつなげる学習となる。

　こうした河川・水の学びは発達段階に応じて一貫して教育に貢献できるということとあわせ、教科等を縦断的・横断的に取り組むことで、現代的な諸課題に対応して求められる資質・能力及び言語能力、情報活用能力、問題発見・解決能力等の学習の基盤となる資質・能力の育成に貢献することが期待できる。

第5章　段階的発展が可能な河川・水の学び 編

第1節　段階的発展が可能な河川・水の学び

　前章までにおいて、教科や総合的な学習等への河川・水の学びの貢献について検討してきた。ここでは、これまでの議論を踏まえて、「子どもの発達段階に応じて、一貫して教育に貢献できる」という河川・水の学びの特長を述べる。

1.1　子どもの発達に応じた学びの価値

　子どもの発達に応じて、河川・水の学びは、つながりを持ちながら段階的に発展していくことが可能と考えられる。このような発展の段階に応じた河川・水の学びの教育的価値について、幼児教育、生活科、理科・社会科、総合的な学習の時間を対象に整理する。

【幼児教育】

　河川・水の学びを取り入れることで、幼児期における好奇心や感性などを育成することに貢献すると考えられる。水に触れて親しむことで、諸感覚を通して水の性質を感じることができ、好奇心が刺激されると共に、水遊びを通した他者との関わりも生まれる。河川・水の学びは、体験や感覚を通した学びを提供することで、環境を通した教育を基本とする幼児期の教育に貢献しうる。

【生活科】

　河川・水の学びを取り入れることで、河川や水を自分との関わりで捉え、関わりに気付く力の向上に貢献すると考えられる。生活科では、具体的な活動を通して、身近な生活に関わる見方・考え方を生かして生活上必要な習慣や技能を身に付けたり、自分自身や自分の生活について考え表現したりすることなどを目指している。河川や水を活動や体験の場や教材にすることで、水の存在や、水が人間や生物にとって不可欠な存在であることが体験を通して理解できる。幼児教育で得た感覚レベルの水の性質

147

についての認識が、新たに学んだ水に関する知識とつながることで、実感を伴う知識や理解力の育成に貢献しうる。

【理科・社会科等の教科・単元】

　河川・水の学びを取り入れることで、概念を構成する力や課題を解決する力の向上に貢献すると考えられる。理科や社会科の単元において学ぶ知識は、生活科で学んだ感覚に基づくものから発展し、概念としての理解を求められるレベルに達する。概念としての知識を初めから抽象的に学ぶことは極めて困難だが、身近な存在である河川や水に関する知識は、幼児期以来習得された知識の延長線上にある実感を伴うものであり、直感的に無理なく理解できる。河川・水の学びは、概念としての知識を、経験と結び付けて理解しうるものであり、このような学習過程を可能とすることで、理解力の向上、ひいては課題解決力の向上にも貢献しうる。

【総合的な学習の時間】

　河川・水の学びを取り入れることで、教科の学習で習得した概念を自由かつ総合的に働かせてよりよく課題を解決する力を向上させることに貢献すると考えられる。総合的な学習の時間では、各教科で学んだ知識を統合した総合的な理解による、複雑な事象の把握や、問題解決を行う能力を身に付けることが望まれる。水たまりやプールといった小さなスケールで実感を通して学んだ、水の性質や働きについての知識は、スケールを自在に拡大しても適用可能であり、流域や水循環といった知識と合わさることで河川についての理解につながっていく。河川に関する知識や理解は、自然科学的なものにとどまらず、河川の働きが人間社会を規定していることから、環境、防災、産業等に関する理解につながる。また、部分と全体との関わりについて把握し理解するシステム思考の醸成にもつながる。このように河川・水の学びを取り入れることで、学習が自在に発展することが期待できる。

　特に、幼児期から連続的かつ発展的に、感覚を通した理解を伴いながら知識として学ぶことが可能な、自分事として習得できる河川・水の学びは、総合的な学習の時間で重視する探究的な学習において、特に主体的な取り組みを促進することに貢献しうる。

1.2 まとめ

　幼児期から小学校、中学校以降（最終的には大人）まで、教育の過程において子どもが段階的に知識や思考力を蓄積・発展させていく上で、河川・水は、各段階において子どもの習熟に応じた学びを提供し続ける学習材だといえる。簡単に実物を活用可能であり、子どもの発達の過程において一貫した学習の伴走者であるともいえる。また、河川・水の学びは、多様な分野にわたるものである。

　図-5.1.1 に示すように、学年があがるに従い教育の要素である各教科の内容が高度化するとともに、知識や理解等の幅（多様性）も同時に広がっていく、学校教育において、河川・水の学びは、習熟段階に応じて、常に（ほぼ無限に）大きな教育効果を及ぼす唯一無二の学習材であるといえる。

【小学校中・高学年】
※中学校以降の段階につながる

・概念としての知識を河川や水を通して学ぶ
（初歩的知識をより抽象的な概念としての知識につなげていく）

・教科等横断的な総合的理解を河川や水を通して学ぶ
（実感を伴いながら、種々の知識や概念を拡大したり関連付けたりする）

・知識や理解力だけでなく、
情操的な学習も河川や水を通して学ぶ
（身近な自然としての河川や審美対象としての水）

【小学校低学年】

基礎的知識や理解として河川や水を学ぶ
（感覚を通して、知識が言葉や事象とつながっていく）

【幼児期】

諸感覚を通して感覚的に理解

図-5.1.1　子どもの発達にともない段階的に発展する河川・水の学び

第2節 「教科等横断的な学び」への貢献

　小学校学習指導要領（平成29年告示）解説　総則編（以下、学習指導要領解説（総則編）という）では、「教科等の枠組みを踏まえて育成を目指す資質・能力については、各教科等の章の目標や内容において、それぞれの教科等の特質を踏まえて整理されている。これらの資質・能力の育成を目指すことが各教科等を学ぶ意義につながるものであるが、指導に当たっては、教科等ごとの枠の中だけではなく、教育課程全体を通じて目指す教育目標の実現に向けた各教科等の位置付けを踏まえ、教科等横断的な視点をもってねらいを具体化したり、他の教科等における指導との関連付けを図りながら、幅広い学習や生活の場面で活用できる力を育むことを目指したりしていくことも重要となる。」としている。

　そして、「教科等横断的な視点からの指導のねらいの具体化や、教科等間の指導の関連付け」は、以下のような「教科等の枠組みを越えた資質・能力」の育成につながることを示している。

・言語能力、情報活用能力、問題発見・解決能力等の学習の基盤となる資質・能力
・豊かな人生の実現や災害等を乗り越えて次代の社会を形成することに向けた現代的な諸課題に対応して求められる資質・能力

　第3章の第1節で述べたように、河川・水という存在は、それ自体が種々の教科等（理科、社会科等）の学習内容を包含している。また、河川・水は身近に存在するものであり、その特徴や挙動は目につきやすく、理解しやすいものである。このため、河川・水の学びを通して、各教科の個別の単元の習得を助けるとともに、異なる単元や各教科等において学習した個別の知識を縦断的・横断的に結び付けたりすることで、これら知識についての統合的な理解を無理なく進めることができる。またこのような統合的な理解に至る経験を通して、知識と生活との結び付きの理解や事象についてのより深い考察ができるといったようなシステム思考の習得と学習の基盤づくりへと児童・生徒

を導くことが期待できるものである。

　次節では、「言語能力、情報活用能力、問題発見・解決能力等の学習の基盤となる資質・能力」及び「豊かな人生の実現や災害等を乗り越えて次代の社会を形成することに向けた現代的な諸課題に対応して求められる資質・能力」を養う上で、各単元・教科等の縦断的・横断的な視点に即して河川・水の学びが貢献しうる事項を検討する。

第3節　「学習の基盤となる資質・能力」育成への貢献

　第3章「理科への貢献」及び「社会科への貢献」で述べたように、河川・水を通じた学びは、一つの教科の枠組みにおいて、学年を縦断させたり、同じ教科内の単元同士を横断させたりする系統的な学びの実現に貢献できることが見えてきた。

　例えば、小学校理科の目標では、「自然の事物・現象についての問題を科学的に解決するために必要な資質・能力」を育成することが示されており、これらは**第3章**で述べたように事象の原理原則を学ぶことと深く関係がある。物事の原理原則という本質を学ぶことは、それらを発揮する条件や場面が変わろうとも、様々な事柄に応用できる。水が流れて集まるという基本的な事象は、身近な校庭はもとより、川の大小によらず共通である。こうした原理原則をしっかりと学ぶことで、身の回りの自然現象から地球規模のスケールの学びまで空間を広げて関連させることができる。これらは社会科における身近な地域の学習を基礎とし、市区町村、都道府県、日本、世界へと対象を広げて学ぶことと同様である。対象とする場所が、普段生活している身近な地域とたとえ異なったとしても、例えば水害リスクに対して地域がどのように危ないかという基本を理解していることで、初めての場所を対象とした場合も既習事項を応用して対応することができる。

　図-5.3.1 は「理科」及び「社会科」において河川・水との関連事項を整理した上で、それぞれの単元とのつながりの例を示したものである。このように河川・水との関連といった視点をもつことで、複数の学年における学習内容を縦断的なつながりや、複

数の領域における学習内容の横断的なつながりを捉えやすくなる。また、こうした図－5.3.1 に示す「理科」及び「社会科」における学年縦断的・単元横断的な学びの例をあらためて概観すると、それらの系統的な学びは単独の教科等内での学びの関連付けにおさまらないことに気付く。図－5.3.2 は「理科」や「社会科」を含めた様々な教科等と河川・水との関連事項を整理したものであり、こうした各教科等における学びを俯瞰して見ることで、「理科」及び「社会科」との相互のつながりを捉えやすくなるだけでなく、複数の教科等の枠を超えた関連性の理解にも至ることがわかる。

　その鍵として「流域」や「水循環」という捉え方がある。図－5.3.3 において、水系レベルの流域のスケールから身近な流域のスケールまでの水との関係性をイメージ例として示したように、「流域」や「水循環」という捉え方により、例えば河川という一つの系に関する知識は、理科で学ぶ個別の自然現象に関する学習を補強するだけでなく、社会科で学ぶ地域社会の地理や歴史と相互に関連付けることにより、水害が起こる原因の理解にもつながるものである。すなわち、単に水害という知識を得ることだけにとどまらず、自然事象としての洪水の理解とともに、洪水が地域社会に害をなすことで「水害」となることやその地域社会が川と共存していることには地形や地域の変遷等の社会的事象が深く関係していることの理解と結びつけるなどの各単元・教科等の縦断的・横断的な視点に立った学習を行うことで、自然現象としての洪水と、社会現象としての水害を区別したうえで統合的に理解することで、将来起こりうる未知の災害に対して能動的に対処しうる思考力、判断力、表現力等を身に付けることができる。

　さらには、水害に対して具体的な避難行動や傷病防止を学ぶ教科等として特別活動の「避難訓練」や体育の保健分野における「けがの防止」等がある。これらの教科・単元等で学習事項を学ぶ際に、地域の具体的な水害のリスクや地域に起こりうる災害事象の認識についての統合的な理解力が高まれば高まるほど、より自分の命や社会の活動を守ることの大切さ、すなわち「防災」という課題の重要性を、実感をもって深く理解し、課題解決の方向について適切に構想することができる。

　このように、一連の物事（あるいは同一場）であり、かつ様々な側面を併せ持ち、しかも各側面間に有機的なつながりのある河川や水の学びを通じ、例えば理科と社会

社会科

河川・水を通じた単元の縦断的・横断的な学び
（社会科・理科）

【　】：「河川・水」との関連事項（例）

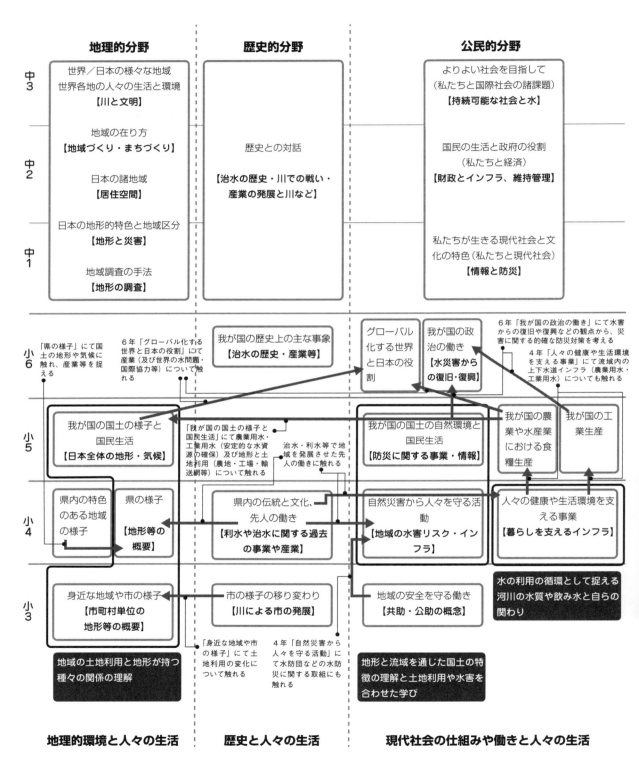

図-5.3.1　河川・水を通じた各単元・教科等の縦断的・横断的な学び（社会科・理科）

理科

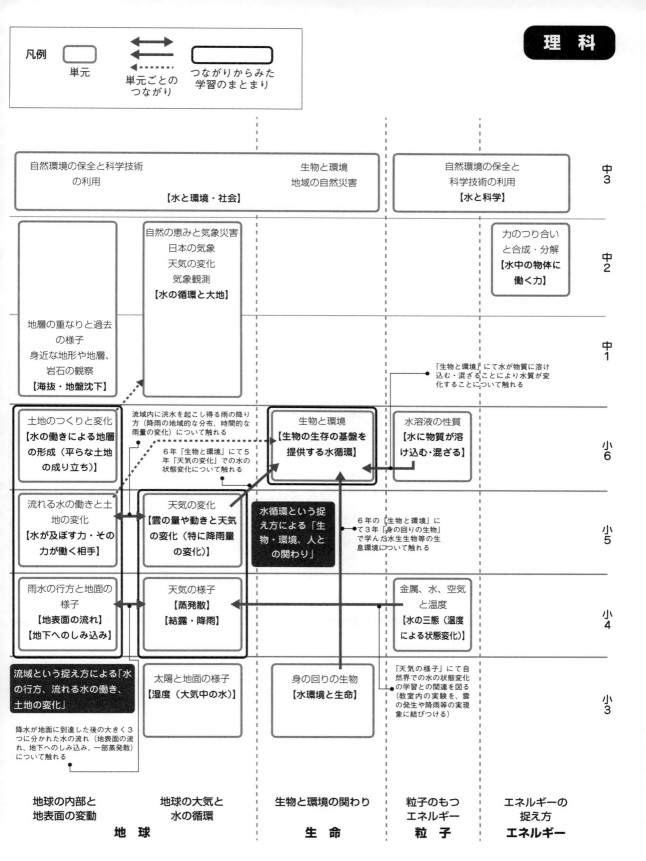

幼児教育・初等中等教育における
河川・水教育に関わる項目

河川・水を通じた
各単元・教科等の縦断的・横断的な学び
（全体編）

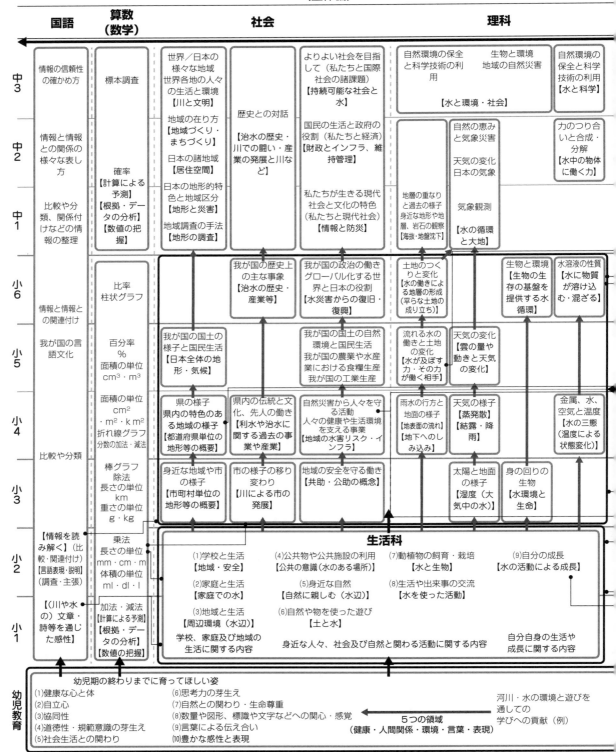

図-5.3.2　河川・水を通じた各単元・教科等の縦断的・横断的な学び（全体編）

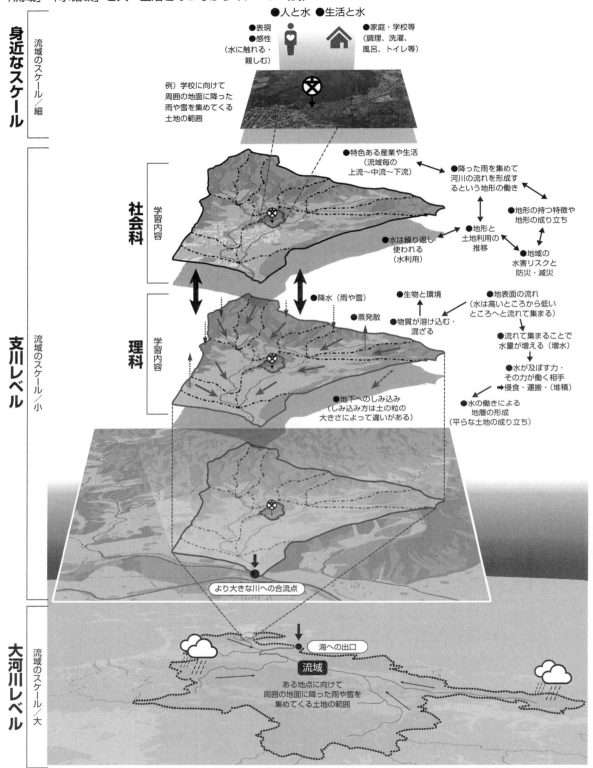

図-5.3.3 「流域」・「水循環」と人・生活とのつながりイメージ（例）

表-5.3.1　小・中学校の各教科等の「見方・考え方」

【参考】小学校学習指導要領及び同解説、中学校学習指導要領及び同解説、「平成29・30・31年改訂 学習指導要領周知・広報ツール リーフレット」（文部科学省）

	小学校	中学校	
国語	【言葉による見方・考え方】対象と言葉、言葉と言葉の関係を、言葉の意味、働き、使い方等に着目して捉えたり問い直したりして、言葉への自覚を高めること		国語
社会	【社会的事象の見方・考え方】社会的事象を、位置や空間的な広がり、時期や時間の経過、事象や人々の相互関係などに着目して捉え、比較・分類したり総合したり、地域の人々や国民の生活と関連付けたりすること	【社会的事象の地理的な見方・考え方】社会的事象を、位置や空間的な広がりに着目して捉え、地域の環境条件や地域間の結び付きなどの地域という枠組みの中で、人間の営みと関連付けること	社会
		【社会的事象の歴史的な見方・考え方】社会的事象を時期、推移などに着目して捉え、類似や差異などを明確にし、事象同士を因果関係などで関連付けること	
		【現代社会の見方・考え方】社会的事象を、政治、法、経済などに関わる多様な視点（概念や理論など）に着目して捉え、よりよい社会の構築に向けて、課題解決のための選択・判断に資する概念や理論などと関連付けること	
算数	【数学的な見方・考え方】事象を、数量や図形及びそれらの関係などに着目して捉え、根拠を基に筋道を立てて考え、統合的・発展的に考えること		数学
理科	【理科の見方・考え方】自然の事物・現象を、質的・量的な関係や時間的・空間的な関係などの科学的な視点で捉え、比較したり、関係付けたりするなどの科学的に探究する方法を用いて考えること		理科
生活	【身近な生活に関わる見方・考え方】身近な人々、社会及び自然を自分との関わりで捉え、よりよい生活に向けて思いや願いを実現しようとすること	－	－
音楽	【音楽的な見方・考え方】音楽に対する感性を働かせ、音や音楽を、音楽を形づくっている要素とその働きの視点で捉え、自己のイメージや感情、生活や文化などと関連付けること		音楽
図画工作	【造形的な見方・考え方】感性や想像力を働かせ、対象や事象を、形や色などの造形的な視点で捉え、自分のイメージをもちながら意味や価値をつくりだすこと	【造形的な見方・考え方】感性や、想像力を働かせ、対象や事象を造形的な視点で捉え、自分としての意味や価値をつくりだすこと	美術
体育	【体育の見方・考え方】運動やスポーツを、その価値や特性に着目して、楽しさや喜びとともに体力の向上に果たす役割の視点から捉え、自己の適性等に応じた『する・みる・支える・知る』の多様な関わり方と関連付けること		保健体育
	【保健の見方・考え方】個人及び社会生活における課題や情報を、健康や安全に関する原則や概念に着目して捉え、疾病等のリスクの軽減や生活の質の向上、健康を支える環境づくりと関連付けること		
家庭	【生活の営みに係る見方・考え方】家族や家庭、衣食住、消費や環境などに係る生活事象を、協力・協働、健康・快適・安全、生活文化の継承・創造、持続可能な社会の構築等の視点で捉え、よりよい生活を営むために工夫すること	【技術の見方・考え方】生活や社会における事象を、技術との関わりの視点で捉え、社会からの要求、安全性、環境負荷や経済性などに着目して技術を最適化すること	技術・家庭
		【生活の営みに係る見方・考え方】家族や家庭、衣食住、消費や環境などに係る生活事象を、協力・協働、健康・快適・安全、生活文化の継承・創造、持続可能な社会の構築等の視点で捉え、よりよい生活を営むために工夫すること	
外国語	【外国語によるコミュニケーションにおける見方・考え方】外国語で表現し伝え合うため、外国語やその背景にある文化を、社会や世界、他者との関わりに着目して捉え、コミュニケーションを行う目的や場面、状況等に応じて、情報を整理しながら考えなどを形成し、再構築すること		外国語
道徳	【道徳科における見方・考え方】様々な事象を、道徳的諸価値の理解を基に自己を見つめ、物事を多面的・多角的に捉え、自己の生き方について考えを深めること	【道徳科における見方・考え方】様々な事象を、道徳的諸価値の理解を基に自己を見つめ、物事を広い視野から多面的・多角的に考え、人間としての生き方について考えを深めること	道徳
総合的な学習の時間	【探究的な見方・考え方】各教科等における見方・考え方を総合的に活用して、広範な事象を多様な角度から俯瞰して捉え、実社会・実生活の課題を探究し、自己の生き方を問い続けること		総合的な学習の時間
特別活動	【集団や社会の形成者としての見方・考え方】各教科等における見方・考え方を総合的に働かせて、集団や社会における問題を捉え、よりよい人間関係の形成、よりよい集団生活の構築や社会への参画及び自己の実現に関連付けること		特別活動

といった各教科での学習が自ずとつながることで、既習の知識を使って身近な自然現象の機構を理解でき、さらに自然と社会、自分自身との関わりについての理解も、実感を伴って学ぶことができるなど、自然現象と社会的事象の関連性について見いだすことで物事の全体的・統合的理解を行ことができ、**表-5.3.1** に示した様々な各教科等の「見方・考え方」を働かせながら、各単元・教科等の縦断的・横断的な深い理解に至るとともに学習の効果の最大化を図ることができる。

３．１ 「現代的な諸課題に対応して求められる資質・能力」との関連

　前節で述べた河川・水の学びのつながりの特性をもとに、あらためて各単元・教科等の縦断的・横断的な視点に立って、「豊かな人生の実現や災害等を乗り越えて次代の社会を形成することに向けた現代的な諸課題に対応して求められる資質・能力」への貢献例を以下に示す。

　情報化やグローバル化といった社会的変化が、人間の予測を超えて加速度的に進展するようになってきている時代においても、「流域」や「水循環」という捉え方や、河川という一つの系に関する学びによる物事の全体的・統合的理解を深めることで、社会や生活の中で直面するような未知の状況の中でも、その状況と自分との関わりを見つめて具体的に何をすべきかを整理したり、その過程で既習の知識や技能をどのように活用し、必要となる新しい知識や技能をどのように得ればよいのかを考えたりすることができる。このようにして得られた能力は、現代的な諸課題に対応していくためにも活用しうるものである。

　例えば現代的な諸課題の一つである「水害」を例とする。記述のとおり水害発生の機構を学習することは、単元・教科等の縦断的・横断的な学習そのものであり、河川・水の学びは、その発生原因を踏まえた複合的な理解に基づく単元・教科等の縦断的・横断的な学習を、実感を伴いながら、直感的かつ簡易に実施することを可能とする。水害についての理解がさらに進めば、自分たちが住んでいる場所の水害リスクや、どんな場所や状況において水害リスクが高くなるのかについて、知るために必要な情報の取得や信頼性の精査やそれら情報の使い方も習得できるとともに、氾濫が生じた際

に社会現象としての水害の状況がどのようなものになるか想像する思考力も習得できる。そのような学習を通じて、避難という行動を含めて市民として社会全体の課題に対しどのように対処すべきであるかという判断力や、他者と連携して対応するための表現力も育成される。さらには、水害は土地の利用状況とも関連するが、もともとの地域の土地利用状況には地形や自然環境に応じた地域資源や産業等の「恵み」によるものであるとともに、洪水が長い年月をかけて地形を形成したり、変化をもたらすことで地域の豊かな自然環境や生態系を維持したりするなど、水害といった「災い」と自然の「恵み」は相関関係にあり、これらを一体的に捉えることで過去から現在までの身近な地域の変遷の理解や、その地域で受け継がれてきた地域の伝統や文化の尊重へとつながり、身近な地域の多様な価値に気付くことができる。

このように、各教科等の「見方・考え方」を生かしながら、単元・教科等を縦断的・横断的に関連付けることのできる河川・水の学びを通して得られる複雑な現象の理解は、実感を伴う深い理解であり、主体的かつ深い学びをもたらしつつ、安全に関する力、新たな価値を生み出す豊かな創造性、多様な他者と協働しながら目標に向かって挑戦する力、地域や社会における産業の役割を理解し、地域創生等に生かす力、自然環境や資源の有限性等の中で持続可能な社会を作る力等の育成につながる。こうした河川・水の学びは、豊かな人生の実現や、災害等を乗り越えて時代の社会を形成することに向けた現代的な諸課題に照らして必要となる資質・能力を育んでいくことができる。

同時に、各単元・教科等の学びを縦断的・横断的な視点に立って結びつけ、身近な課題から学習内容を展開し、自然的な課題、社会的な課題が複雑に関連しあう現代的な諸課題までに課題の概念を発展させる過程において、自ずと「言語能力、情報活用能力、問題発見・解決能力等の学習の基盤となる資質・能力」の育成にもつながる。

3.2 「学習の基盤となる資質・能力」との関連

河川・水の学びのつながりの特性をもとに、**第1章**で述べた内容を中心として、あらためて各単元・教科等の縦断的・横断的な視点に立って、「言語能力、情報活用能力、

問題発見・解決能力等の学習の基盤となる資質・能力」への貢献例を以下に示す。

（1）言語能力との関連

　「流域」や「水循環」という捉え方や、河川という一つの系に関する学びを通じて新たな知識を得たり、事象を観察して必要な情報を取り出したりするなかで、世の中の様々な事象と事象に関する情報とその結びつきを捉え、それら情報を活用し、事実と自身の意見を分けながら自分の考えをまとめたり、発信する。さらには、河川・水に親しむことを通して、自身の体験をもとに、自らの言葉で表現ができる。河川・水の学びを通して、断片的にもっていた知識や事象、それらに関する情報等が統合されるといった、部分と全体との関係を通して、一つの系（システム）を理解する、系統立った論理的思考力等の習得につながる、といった「情報を多面的・多角的に精査し構造化する力」の向上への貢献が期待できる。

　さらには、こうした系統立てた理解を軸とすることで、多様性を尊重する態度や互いの良さを活かして協働する力、地域との関わりを踏まえて育成される持続可能な社会づくりに向けた態度、リーダーシップやチームワーク、感性、優しさや思いやりなど人間性に関するものの涵養にもつながる。

　その鍵となる「流域」や「水循環」という捉え方や、河川という一つの系に関する学びによる物事の全体的・統合的理解を通じて、時代を越えて普遍的に求められる思考の習得とともに、言語能力といった学習の基盤となる資質・能力の育成に、河川・水という題材は単元・教科等の縦断的・横断的な学びを通じて貢献することができる。

（2）情報活用能力との関連

　元来複雑なつながりをもつ「社会と水」において、二者択一で済まない様々な課題が存在する。そうした状況のもとで、複数の情報を多面的に活用しながら解決しようとする際に「情報活用能力」が欠かせない。河川・水を対象とした学習の過程においては、地域への貢献の方法に関する議論、河川・水に関する様々な情報の取得・読み取り・整理や情報の信頼性の確かめ方、学習過程における児童・生徒間での協働も学習要素となり、主体的に学習する態度も含めた学びに向かう力やよりよい生活や人間関係を自主的に形成する態度などの涵養につながる。

とりわけ「情報活用能力」についてはデジタル環境の変化による影響は大きい。例えば、地域の水害リスクを学ぼうとする際に、地域の水害ハザードマップを活用することがある。洪水浸水想定区域図自体は国土交通省及び都道府県が、降雨や河川流量、水位及び破堤地点を設定し、氾濫条件と流下能力の把握、氾濫計算、浸水解析により算定し公表しているものである。この洪水浸水想定区域図に、市区町村等が避難所等の情報や情報伝達の方法等を表示したものがハザードマップである。

本来、身近な河川の水害リスクを学ぶ上で、目の前の水は河川の上流から集まって流れてくることと、「降った雨が集まってくる範囲は地形によって決まり、降った雨や河川の水の流れを決めている」という地形の働きを一体的に理解することが必要である。しかしながら、ハザードマップにおけるいわば水害に関する基本情報は、流域という本質的な単位ではなく、市区町村単位で区切られていることや、その地域内外の高低差や土地利用状況との関係性が把握しづらいといった課題を有している。

これらの課題に対して、土地の高低差や土地利用状況などのデータをレイヤーとして重ねることにより地域の水害リスクの把握に必要な真の情報が、情報と情報が複合することにより浮かび上がる。理科で学ぶ「水は高いところから低いところへと流れて集まる」という原理原則と、社会科で学ぶ「氾濫域における土地利用に応じて水害が生じる」という事柄がつながり、水害という知識の習得にとどまらず、自分たちが住む地域における災害を軽減させるために何をするべきかという思考力や行動の習得にもつながることが期待できる。

こうした情報の組み合わせという技能は、事象の原理原則を理解した上で、各情報のもつ意味をつかむことにより可能となることとあわせ、見いだした気付きを基に、自分自身でさらに新たな情報を調べ、活用しようとする意欲の増進にも至る。

とりわけ水害などの進行性のある災害に対しては刻々と状況が変化するなかで、避難につながる情報を的確に把握するためには、情報のもつ意味そのものの理解が極めて重要となる。地域の具体的な水害のリスクや地域に起こりうる災害事象の認識についての統合的な理解を基盤とし、こうした情報自体が成り立ったしくみを理解することで、その情報の持つ意味そのものを理解することにつながるとともに、無数にある他の情報との違いを見いだすことができる。これらは情報活用能力で求められる様々な情報の取得・読み取り・整理や情報の信頼性の確かめ方にもつながるものである。

そしてそのことにより、ただ単にハザードマップで示されていることを平面的に理解することにとどまらず、自分自身で考えながら、自身の居住地のリスクを真に理解できることとあわせ、リスクを回避するための方法について、各種の複合情報を踏まえてより根拠を持って発想することができる。

このような原理原則の理解と情報を組み合わせて活用させる技能の習得は、各単元・教科等で学んだ知識を実生活や他の学習へと応用させることを容易にする。デジタルデータの進化とともに発展するこれらのツールを通じて、習得した技能をさらに活用することにより情報活用能力の向上といった「学習の基盤となる資質・能力」の育成へと貢献することができる。

(3) 問題発見・解決能力との関連

問題発見・解決能力といった学習の基盤となる資質・能力の育成について、学習指導要領解説（総則編）では「各教科等において、物事の中から問題を見いだし、その問題を定義し解決の方向性を決定し、解決方法を探して計画を立て、結果を予測しながら実行し、振り返って次の問題発見・解決につなげていく過程を重視した深い学びの実現を図ることを通じて、各教科等のそれぞれの分野における問題の発見・解決に必要な力を身に付けられるようにする」とされている。

このとき、物事の中から問題を捉えていく際に、通常は目の前に起こっている自然現象や社会事象という部分を捉えようとするが、実生活、実社会における現象や事象は、様々な背景や要因をもって生じており、また、様々な他の現象や事象と関連していることが多い。このため、目の前の事象だけで問題に対応しようとすることの危うさも存在する。真の問題発見・解決能力を養うためには、情報を精査し、本質的な課題に対して、物事を部分と全体として捉え、部分（要素）についてはつながりや相互作用を意識しつつ、全体を俯瞰的、体系的に捉えること、すなわちシステム思考を働かせることが問題を適確に把握し、より良い解決策へとつなげる学習過程が重要となる。例として、「水害」という問題について、理科、社会科に「流域」、「水循環」という捉え方を取り入れて学習することにより、システム思考をどのように働かせて、問題発見・解決能力等の学習の基盤となる資質・能力へと貢献できるかについて述べる。

○○年前に△△川で洪水が発生した水害への対策を考えるという問題の解決案を考

える場合を例としてとりあげる。素直な解決案として、川から溢れないようにするため、氾濫した区間の堤防をさらに高くしようという方策が考えられる。しかしながら、同じような水害をおこし得る洪水が発生した場合、堤防を高くした区間自体の氾濫リスクは下がるが、その区間を過ぎた下流側などの他区間で水害が発生する可能性が高まるという因果関係がある。

　既に述べたように地形には、雨水を集めて河川（水の流れ）を形成する（流域を決定する）働きがある。目の前の、地域を流れる川へと雨水が集まる範囲をさらに俯瞰して見てみると、河口を最下流とすることで流域全体の最大範囲の把握に至る。そうした流域全体は小さな流域が組み合わさって構成されていることから、目の前の小さな流域の理解が流域全体へと広がるといった空間的な把握へと発展する。このように部分だけでなく全体を把握することで、なぜ地域のこの場所に堤防が作られているのか、なぜ上流ではダムなどで水が調節されているかといったことへの真の理解にいたる。

　流域全体といった視点に立つと、当該箇所を流れる水の水位を低くしようとする場合にはその川の上流で水をためるか、当該箇所を含めたリスクの高い区間の川の幅を広げる、または堤防を高くするなどの方策をとることの重要性が見えてくる。目の前の川の水害リスクを減らすための方策を考える際に、流域全体の視点に立ち、目の前の川と同時に下流側の水害リスクを下げることとあわせ、上流で水をためるなど、流域全体で取り組むことの必然性が自ずと理解できる。

　このように、**目の前の現象だけで問題に対応しようとすると、妥当な解とならない場合があることから、システム思考を働かせ、災害という事象をもっと全体的な視点で捉えることが必要である。そして、水害の場合には「流域」という捉え方を取り入れることが有効である。これにより、自然現象や社会事象の部分と全体を系統的、俯瞰的に捉えることにより、おのずと教科等横断的な視点に立って様々な問題を発見することができ、地域の社会的条件（技術的、社会的な実現性（コスト、時間、住民の合意形成、自然環境への影響など））も踏まえてよりよい解決案を選択していくことにつながる。**

３．３　河川・水のテーマ設定による各単元・教科等の縦断的・横断的な学びの例

　これまで述べたように、河川・水の学びは、教科内及び他教科等での学習を関連付け・発展させることにより、「学習の基盤となる資質・能力」及び「豊かな人生の実現や災害等を乗り越えて次代の社会を形成することに向けた現代的な諸課題に対応して求められる資質・能力」を無理なく習得させ、さらに発展させることに寄与するものである。図−5.3.2で示したこれらつながりをもった学習事項についての例を、河川・水の学びを通じたテーマごとに述べる。

> **【テーマ例】**
> 河川・水のテーマ例１「防災（水害）」による各単元・教科等縦断的・横断的な学びへの展開例
> 河川・水のテーマ例２「水資源・環境」による各単元・教科等縦断的・横断的な学びへの展開例

（1）河川・水のテーマ例１「防災（水害）」による各単元・教科等縦断的・横断的な学びへの展開例

　例えば、地域の「防災（水害）」に関する課題を大きなテーマとし、理科や社会科をはじめとする教科等の学習を「流域」と「水循環」という捉え方を通じ、横断的に関連付ける。例えば、多量の降雨は災害の危険性を高めるが、流域という捉え方をすることによって、雨が流域内のどこで降っているかによって地域の危険度の違いがあることに気付くなど、単に降雨量の大小が地域の水害の危険度に影響するのではなく、降雨量という情報と地形という情報との結び付きを把握することにより、水害という事象を具体的かつ多面的・多角的に捉えることができる。

　さらには、水害に対して具体的な避難行動や傷病防止を学ぶ教科等として特別活動の「避難訓練」や体育の保健分野における「けがの防止」等がある。これら複数の単元・教科等を一つの学習パターンとして関連させながら学習することも効果的である。これら水害に関連する教科・単元等での学習事項を学ぶ際に、地域の具体的な水害の

第5章　段階的発展が可能な河川・水の学び 編

リスクや地域に起こりうる災害事象の認識についての統合的な理解が進めば進むほど、当該単元の学びにおいてもより自分の命や社会の活動を守ることの大切さ、すなわち「防災」という課題の重要性を、実感をもって深く理解し、課題解決の方向について適切に構想することができる。

　このような学習のアプローチを通じて、地形と水害との関係はもとより、土地利用状況や地域の備えに応じて危険度の違いがあることなどから、人や社会の活動が身近な地域の水害の要因に影響を与えることがあるなどの問題を新たな視点で見いだすこともできる。このようにして見いだした問題に対し、自分なりの解決方法を探して表現する等、災害の要因と災害の特徴を踏まえて課題解決の方向を構想することができるとともに、防災という大きなテーマを通じて「現代的な諸課題に対応して求められる資質・能力」及び「学習の基盤となる資質・能力」の育成へとつなげることができる。

〈関連する学習パターン例〉
【学習パターン例①　流域 × 水害 × 住居の工夫　（理科 × 社会 × 家庭科）】
　理科で学ぶ「水は、高いところから低いところへと流れて集まる」という流域の概念の習得とあわせ、社会科で学ぶ地域の堤防等のインフラ整備の学習、家庭科における快適な住まい方を関連付けることで、将来自分が住居を構える際の土地の選び方、そして住居のかさ上げ、高床等の水につからない工夫について学習する。

【学習パターン例②　流速 × 力のつりあい × 避難　（数学 × 理科 × 特別活動）】
　理科で学ぶ「流れる水の働き」の物体を流そうとする流水の力についての理解と、特別活動「避難訓練」で学ぶ洪水災害時の歩行の困難さを具体の数値に着目しながら関連付ける。このことにより水害が発生した際の避難の危険性について実感と根拠を持って捉えることができる。

【学習パターン例③　避難所 × 過ごし方 × 啓発　（道徳 × 家庭科 ×図画工作）】
　道徳において「集団や社会との関わり」として避難所での助け合いを学ぶ。その際に避難所という住居外の空間で他者と協力しながらより快適に過ごすための工夫を家庭科との関連付けをおこなったり、マナーなどの啓発ツールや案内看板などのサイン

167

計画などを作成したりするなど図画工作と関連付けて表現することもできる。

(2) 河川・水のテーマ例2「水資源・環境」による各単元・教科等縦断的・横断的な学びへの展開例

　例えば、地域の「水資源・環境」に関する課題を大きなテーマとし、理科や社会科をはじめとする教科等の学習を「流域」と「水循環」という捉え方を通じ、横断的に関連付ける。例えば、水循環により降雨現象が生じ、流域の働きにより流域内の降雨が川に集められること、降雨には時間的、季節的な変化や地域的な分布があることなどの事象の理解を踏まえ、季節を通じた長期間の雨の降り方と人々の生活や社会経済活動、自然環境や生態系とを結びつけて考えることにより、継続的な降雨ひいては安定的な水の存在（水資源）が、人を含めた生態系、社会経済活動及び自然環境の維持に重要であることに気付くことができる。

　このように単に雨の降る回数が少ないといった情報の理解だけで終わらせるのではなく、雨が降りやすい・降りにくい時期があることとの理解とともに、生物や人間社会において安定的な水の確保をするためには雨の降り方とそれらを集める地形の働きという視点で捉えることが地域課題の深い理解につながることとあわせ、水資源・環境という事象を具体的かつ多面的・多角的に捉えることができる。

　このように地域の環境や水資源に関わる課題に関する情報の取り出し方や情報の活用の仕方を通じて、人や社会の活動が身近な地域の環境や水資源に関する課題の要因になりうることなどの問題を新たな視点で見いだすこともできる。このようにして見いだした問題に対し、自分なりの解決方法を探して表現する等、課題解決の方向を構想することができるとともに、環境という現代的な諸課題に対応して求められる資質・能力の育成へとつなげることができる。

〈関連する学習パターン例〉

【学習パターン例④　水質 × 観光　（理科・家庭科 × 社会）】

　理科で学ぶ「ものの溶け方」において、水の中には様々な物質が溶け込むことを学ぶ。COD や BOD といった水の中の有機物の量を示す数値とあわせ、社会科における下水道などのインフラ整備の学習と、家庭科における各家庭における生活排水対策

が進んだことなどの学習に触れる。これら流域内の水質改善の取組により地域の観光資源が蘇った事例（例えば、島根県松江堀川の遊覧船の復活など）や良好な水質を清流と呼び、清流であることによってブランド化された地域商品などを取り上げることで、地域の産業の価値をより深く理解することができる。

【学習パターン例⑤　音楽 × 川の変遷 × 棲む生物の変化　（音楽 × 社会 × 道徳）】

　音楽で扱う代表的な唱歌として「春の小川」がある。この歌のモデルとなった河骨川は、東京都渋谷区代々木に水源を持ち、渋谷駅付近では渋谷川となって流下する。こうしたふるさとの原風景である川と現在の渋谷の地形や土地利用の移り変わりの歴史とあわせ、春の小川の歌詞に登場しながらも絶滅危惧種である野生のメダカなどの生息に必要な自然環境と生命の大切さなどについても関連して学ぶことができる。

【学習パターン例⑥　流域 × ごみ × 啓発　（理科 × 社会 × 図画工作）】

　理科の学習事項である「水は高いところから低いところへと流れて集まる」といった学習を踏まえると、人の社会から発生したごみなども集めて流れることは容易に理解できる。こうして集まった様々なごみはやがて河口から海に流れる。こうした人の生活の中で発生した廃棄物というごみ問題には流域内の一人ひとりの意識の向上が不可欠であり、美術や図画工作における学習においてごみなどを使ったアート作品やポスターの作成などを通じることにより啓発活動の重要さ等についても学ぶことができる。

参考：「河川・水の学び」における理科・社会科以外の各教科等との関係（例）

【国語】

〈関連事項（例）〉

・情報を読み解く（比較・関連付け）

・言語表現・説明（調査・主張）

・（川や水の）文章・詩等を通じた感性

… （例）防災や水資源・環境等をテーマとし、川や水に関する情報を収集し、集めたデータを分類したり関連付けたりする。その過程で事実と自身の意見を分けながら自分の考えをまとめたり、発信したりする。環境及び郷土や地域を学ぶ際には、地域の川や水に関する書物や詩等から当時の人々の思いを読み取ったりすることも有効である。こうした活動を通じ、身近な川などの目の前で起きている事象や自らの生活経験や実体験を基にした事柄は、人から聞いたことや情報サイトから得たことを単に伝達することと異なり、自分自身が用いる言葉となりやすい。こうした活動は、「言葉による見方・考え方を働かせ、言語活動を通して、国語で正確に理解し適切に表現する資質・能力」を育成することにつながる。

【算数（数学）】

〈関連事項（例）〉

・計算による予測

・根拠・データの分析

・数値の把握（必要な数値・単位）

… （例）防災や水資源・環境等をテーマとする学習過程で、雨量や標高、土地利用等の割合、水質の数値など様々な数値情報が欠かせない。こうした身近にある地域の川についての事象を数理的に捉えることは、雨量等をもとにした計算による予測・見通しをもち、確かな根拠やデータを分析しながら筋道を立てて考察する力、数値をもちいて基礎的・基本的な数量や図形の性質などを見いだし統合的・発展的に考察したり、グラフなどの数学的な表現を用いて事象を簡潔・明瞭・的確に表したり目的に応じて柔軟に表したりする力などを養うこととなり、「数学的な見方・考え

方を働かせ、数学的活動を通して、数学的に考える資質・能力」を育成することに
つながる。

【生活科】

〈関連事項（例）〉

・活動・体験

・身近な人々・社会・自然

・自立

…（例）身近な地域の川での水の事故防止や生き物等に関する活動や体験の過程にお
いて、身近な地域の川とその周辺環境には様々な人々が関わっていることに気付く
ことで、対象となる身近な川を自分自身との生活との関わりで捉え、考えるように
なる。こうした活動は、「具体的な活動や体験を通して、身近な生活に関わる見方・
考え方を生かし、自立し生活を豊かにしていくための資質・能力」を育成すること
につながる。

【音楽】

〈関連事項（例）〉

・音を通じた表現（メロディー・作詞）

・ふるさとの自然・校歌（郷土の理解）

・川や水の音・歌詞

…（例）鳥の声、風で水辺の植物が揺れ動く音、少量の雨の音、豪雨時の激しい音、
瀬などの水が流れることにより生じている大きな音など、身近な地域の川には様々
な音がある。また、学校の校歌には地域の環境として身近な地域の川が載っていた
りする。「春の小川」など、現在の土地利用の変化からは読み取れない原風景を歌
などから想像することができる。こうした郷土や地域の川や水を通じた音や歌等に
着目した活動をすることで、より身近な環境と自分自身の生活との関連性にも思い
を馳せ、「表現及び鑑賞の活動を通して、音楽的な見方・考え方を働かせ、生活や
社会の中の音や音楽と豊かに関わる資質・能力」を育成することにつながる。

【図画工作（美術）】

〈関連事項（例）〉

・視覚表現し伝える力

・クリエイティブ

・観察・鑑賞・造形（水や川を美しいと感じる感性）

… （例）身近な地域の川とその周辺環境は四季、そして上流・中流・下流といった区分においても様々な様相を見せ、自然のあるがままの色があるとともに、生息環境に応じた魚等の生き物や様々な植物が存在する。そうした対象や事象を観察して捉え、絵や工作物などで、川の環境の美しさや良さなどを表現するなどして、感性や柔軟な発想によるクリエイティブな力を育むことができる。さらには危険な事象や災害事象、ごみや生活排水等の視点から河川の環境を守るために必要な行動等をポスター等で表現し発信することなどを通じた活動は、「表現及び鑑賞の活動を通して、造形的な見方・考え方を働かせ、生活や社会の中の形や色などと豊かに関わる資質・能力」を育成することにつながる。

【家庭科（技術・家庭）】

〈関連事項（例）〉

・技術・IT等を活用した課題解決

・ものづくり

・災害と住居

・水環境と衣食住

… （例）防災や水資源・環境等をテーマとする学習過程で、身近な川は、衣食住、消費や環境と深い関わりがある。水は資源として生活に欠かせないものであるとともに、災害時に備えて居住を工夫するなどの視点を与えてくれる。また、こうした課題に対してものづくりなどの技術やIT等を活用することにより解決の方策を見いだして生活をよりよくしようとしたりすることで、「生活の営みに係る見方・考え方を働かせ、衣食住などに関する実践的・体験的な活動を通して、生活をよりよくしようと工夫する資質・能力」を育成することにつながる。

【体育（保健体育）】

〈関連事項（例）〉

・水防災・水と衛生

・ファーストエイド

・溺水の防止

… （例）防災や環境等をテーマとする学習過程で、身近な川は、泳いだりボート等で漕いだりするなどにより恵み豊かな自然体験活動のフィールドとなるとともに、ときに水害や水難事故といった災いをもたらすことがある。水泳はプールでの静水域での活動が中心となるが、緩急の流れがあり、水深や川幅は一定ではないといった自然の川での活動は、装備等により一定の浮力を確保することの必要性や、流水の働きによる具体的なリスクを知り水の事故から自身の身を守る方法を学ぶことの重要性をより一層気付かせてくれる。あわせて、水害時の衛生確保やけがの防止などの学習は、自身の身に起こりうる傷病に対して安全な生活を営むための技能の習得にも至る。これらにより日々の実生活に役立つ運動や学習は、「体育や保健の見方・考え方を働かせ、課題を見付け、その解決に向けた学習過程を通して、心と体を一体として捉え、生涯にわたって心身の健康を保持増進し豊かなスポーツライフを実現するための資質・能力」を育成することにつながる。

【外国語・外国語活動】

〈関連事項（例）〉

・多言語表現

・異文化理解・国際協力

・コミュニケーション

・アイデンティティ

… （例）外国語や外国語活動は、「学習対象とする言語は異なるが、言語能力の向上を目指す教科等」である。川や水に関する事象は世界共通であり、生命の誕生から長らく恵みと災いの両側面から水と関わる中で各大陸での生活や文化等に深く根差している。そのため川や水に関する表現や価値は奥深く、様々であり、それら世界共通で生活に欠かせない水についての表現等の共通性や多様性に気付くことができ

る。こうした水という共通項を軸とした異文化理解や表現方法についての活動を行うことは、「外国語によるコミュニケーションにおける見方・考え方を働かせ、外国語による聞くこと、読むこと、話すこと、書くことの言語活動を通して、コミュニケーションを図る基礎となる資質・能力」を育成することにつながる。

【特別の教科　道徳】

〈関連事項（例）〉

・助け合い・合意形成

・モラル

・崇高な自然・生命

・川や水の美しさ・清らかさ（維持するための自己制御）

…（例）決して意のままにならない川は、源流から河口までを内包するといった崇高な大自然そのものであり、そこには多種多様な自然環境とそこに棲む生き物がいるとともに、長い年月をかけて恵み豊かな地形を形成しながら、時に災いという面をもたらす存在である。こうした川を対象とした防災や環境等をテーマとする学習過程で、自然の偉大さといった美しいものや気高いものに感動する心といった畏敬の念を養い、生態系には連続性があることや有限性があることを踏まえ、多様な視点から自然環境を社会全体で大切にすることの意義等に気が付かせてくれる存在であると同時に、水害といった災いに対する集団や社会との関わりを通じて安全や節度といったことの重要性への気付きにも至る。このような学習活動は、「よりよく生きるための基盤となる道徳性を養うため、道徳的諸価値についての理解を基に、自己を見つめ、物事を多面的・多角的に考え、自己の生き方についての考えを深める学習を通して、道徳的な判断力、心情、実践意欲と態度」を育てることにつながる。

【特別活動】

〈関連事項（例）〉

・水害の避難訓練（安全な行動）

・命を守る具体行動（自助・共助）

…（例）水害に対して具体的な避難行動を学ぶ教科等の一つとして特別活動の「避難

訓練」がある。防災等をテーマとする学習過程で、発生原因を踏まえた複合的な理解に基づく単元・教科等の縦断的・横断的な学習を、「避難訓練」の時間と関連させることで実感を伴いながら、直感的に避難の必要性を理解することができる。このようにして水害についての理解がさらに進めば、自分たちが住んでいる場所の水害リスクや、どんな場所や状況において水害リスクが高くなるのかについて、知るために必要な情報の取得や信頼性の精査やそれら情報の使い方も習得できるとともに、氾濫が生じた際に社会現象としての水害の状況がどのようなものになるか想像する思考力も習得できる。そのような学習を通じて、避難という行動を含めて市民として社会全体の課題に対しどのように対処すべきであるかという判断力や、他者と連携して対応するための表現力も育成される。このような防災を軸とした学習過程は、「集団や社会の形成者としての見方・考え方を働かせ、様々な集団活動に自主的、実践的に取り組み、互いのよさや可能性を発揮しながら集団や自己の生活上の課題を解決すること」を通して資質・能力を育成することにつながる。

【総合的な学習の時間】

〈関連事項（例）〉

・課題設定・探究

・総合的な課題解決

・実体験と知識

…（例）防災や環境等をテーマとする学習過程で、①課題の解決に必要な知識及び技能の習得、②自分で課題を立て情報を集め整理・分析してまとめ・表現する能力の習得、③主体的・協働的に取り組むとともに互いのよさを生かしながら積極的に社会に参画しようとする態度の涵養、の三つの資質・能力の育成が期待できる。また、防災や環境保全といった知識だけでは解決できない現代的諸課題に対処するための探究課題として活用することが可能であり、様々な教科等の見方・考え方を働かせることで、未知の課題に対しても合理的かつ積極的に対処する態度が身に付くと考えられる。こうした河川・水の学びは、「探究的な見方・考え方を働かせ、横断的・総合的な学習を行うことを通して、よりよく課題を解決し、自己の生き方を考えていくための資質・能力」を育成することにつながる。

3.4 まとめ

　河川・水の特性として、これまで述べてきたように、どこの地域においても児童・生徒の身近にあり、生活と密着しながら、目の前の現象として直接確認できる事象や課題を入り口にできる河川・水の学びは、多面的かつ多様性に富み、間口が広く、その一方奥行も深い。河川・水は、幼児期から小学校・中学校以降（最終的には大人）といった発達段階に応じた学びを提供するとともに、実際のフィールドでの活動や川での体験などを通じ身体的、感覚的関わりの機会も提供する。

　このように身近な地域のどこにでもある川を題材にすることで、地域の固有性の理解とともに地域に密着した課題を考える材料をも提供する。身近にある川を通じ児童・生徒の実感できる範囲からはじまり、地域の諸課題を様々に派生させながら、より大きなスケールの社会的課題を考える材料も提供する河川・水の学びには、当然ながら複数の価値が並存し、それらのぶつかり合いや調和という構図を内包している。あわせて、地域の課題と向き合うなかで、より大きな、進行中かつ先鋭化に向かうグローバルな現代的諸課題や長期的に進行する重要課題にも自ずと至る。

　こうしたステップを踏みながら、学習内容を人生や社会の在り方と結び付けて深く理解することで、様々な変化のなかで生じる未知の状況や課題へのアプローチ方法の習得や、生涯にわたって能動的に学び続けることや自らの人生を充実させていくことの意義に気付くことができる。

　これまでに述べたように、「流域」と「水循環」という捉え方を取り入れることによって、単元・教科等の縦断的・横断的な視点に立って学習することが容易となる。自然現象や社会事象を部分と全体として捉えるとともに、部分（要素）についてはつながりや相互作用に着目して系統的に捉え、全体を俯瞰的に捉えることができる。このような学習過程において、**システム思考という思考方法を効果的に働かせたり、自然は恵みの面と災いの面をもつということを理解したり表現したりすることで、言語能力、情報活用能力、問題発見・解決能力などの学習の基盤となる資質・能力の育成にも貢献することができる。**

　そして今後、持続可能な社会の構築に向けて、気候変動・地球環境問題への対応が

大きな課題となることが考えられる。気候変動の影響は、降雨の変化に端的に現れてくる。「流域」、「水循環」という捉え方を取り入れ、さらにシステム思考の考え方により課題を捉えることができれば、降雨の変化が地域にどのように影響するのか、科学的な視点で思考し、気候変動・地球環境問題が地域社会にどのような影響を与えることになるのかを予測することができる。**河川・水の学びは、予測困難で変化の激しい時代において、各教科等で身に付けた資質・能力を統合的に組み合わせて、複雑な物事や事象についての課題解決の方向を見出しながら学習効果の最大化を図ることに貢献できる。**

河川・水教育研究会　委員 （令和6年3月時点）

氏名	所属・役職	備考
角屋 重樹	広島大学　名誉教授	座長
金沢 緑	日本河川教育学会　会長	
岸本 勝義	赤磐市立山陽小学校　校長	
合田 哲雄	文化庁　次長	
佐伯 貴昭	三次市立甲奴中学校　校長	
阪本 秀典	帝京大学 教育学部 初等教育学科　准教授	
渋谷 一典	北海道教育大学大学院 教育学研究科 高度教職実践専攻（教職大学院）教授	
髙橋 元気	学校法人ろりぽっぷ学園 ろりぽっぷ小学校　校長	
田口 紘子	日本体育大学 児童スポーツ教育学部 児童スポーツ教育学科 教授	
藤田 光一	国立研究開発法人 土木研究所　理事長	
内藤 正彦	国土交通省 水管理・国土保全局 河川環境課長（令和5年6月27日まで）	
豊口 佳之	国土交通省 水管理・国土保全局 河川環境課長	
天野 邦彦	公益財団法人 河川財団 河川総合研究所長	

執筆・編集者 （令和6年3月時点）

氏名	所属・役職
関 克己	公益財団法人 河川財団 理事長
天野 邦彦	公益財団法人 河川財団 河川総合研究所長
横森 源治	公益財団法人 河川財団 子どもの水辺サポートセンター長（令和6年3月2日まで）
福濱 方哉	公益財団法人 河川財団 河川・水教育センター長
津久井 俊彦	公益財団法人 河川財団 河川・水教育センター 次長
菅原 一成	公益財団法人 河川財団 河川・水教育センター 主任研究員
佐藤 友香	公益財団法人 河川財団 河川・水教育センター 研究員

引用・参考文献

【引用・参考とした学習指導要領等】

文部科学省「幼稚園教育要領」（平成 29 年 3 月）

文部科学省「幼稚園教育要領解説」（平成 30 年 2 月）

厚生労働省「保育所保育指針」（平成 29 年 3 月）

内閣府・文部科学省・厚生労働省「幼保連携型認定こども園教育・保育要領」（平成 29 年 3 月）

内閣府・文部科学省・厚生労働省「幼保連携型認定こども園教育・保育要領解説」（平成 30 年 3 月）

文部科学省「小学校学習指導要領（平成 29 年告示）」（平成 29 年 3 月）

文部科学省「小学校学習指導要領（平成 29 年告示）解説　総則編」（平成 29 年 7 月）

文部科学省「小学校学習指導要領（平成 29 年告示）解説　社会編」（平成 29 年 7 月）

文部科学省「小学校学習指導要領（平成 29 年告示）解説　理科編」（平成 29 年 7 月）

文部科学省「小学校学習指導要領（平成 29 年告示）解説　生活編」（平成 29 年 7 月）

文部科学省「小学校学習指導要領（平成 29 年告示）解説　総合的な学習の時間編」（平成 29 年 7 月）

文部科学省「中学校学習指導要領（平成 29 年告示）」（平成 29 年 3 月）

【引用文献等】

内閣官房水循環政策本部事務局「令和 3 年度水循環施策（令和 4 年版水循環白書）」（令和 4 年 6 月）

米国地質調査所（USGS）「The Water Cycle」https://www.usgs.gov/special-topics/water-science-school/
　　science/water-cycle（アクセス日：令和 6 年 5 月 17 日）

国土交通省関東地方整備局「平成 27 年 9 月関東・東北豪雨に係る鬼怒川の洪水被害及び復旧状況につい
　　て（平成 29 年 4 月 1 日 18：00 時点）」

文部科学省「次期学習指導要領等に向けたこれまでの審議のまとめについて（報告）」（平成 28 年 8 月）

文部科学省「平成 29・30・31 年改訂 学習指導要領 周知・広報ツール リーフレット」

索　引

あ
雨水の行方と地面の様子　*56*

い
飲料水の供給　*96*

え
SDGs　*34, 114*

お
横断的・総合的な課題　*31*

か
概念　*ii, 54, 143, 148*

河口　*11, 94, 165*

河川・水　*iii, 122, 131*

河川・水の貢献例　*123, 135*

河川・水の学び　*2, 3, 119, 147, 148*

河川と交通の広がり　*86*

河川と地形との関係　*50, 85*

河川と土地利用　*ii, 86*

河川に沿った地形　*91*

河川の水質　*79, 81, 96*

河川や流域に着目　*97*

学校と生活　*136*

渇水　*96*

家庭と生活　*136*

川での体験や観察　*120*

き
季節の変化と生活　*137*

教科等横断的な知識　*27*

教科等横断的（な）学習　*6, 21*

　
教材（学習材）　*29, 40, 45, 46*

協同性　*124*

け
下水道　*75*

下水処理　*95*

健康な心と体　*124*

健康や生活環境を支える事業　*95*

言語能力　*162*

現代的（な）諸課題　*7, 27, 31, 79, 116, 160*

こ
公共物や公共施設の利用　*137*

洪水　*21*

交通の広がりの変化　*89*

国際的な課題への対策　*115*

国土の自然条件と水害　*109*

国土の地形　*107, 109*

国土の様子と国民生活　*106*

言葉による伝え合い　*126*

し
思考力、判断力、表現力等　*38*

思考力の芽生え　*125*

資質・能力　*37*

システム　*14, 45, 78, 162*

システム思考　*14, 40, 45, 78, 146*

自然災害から人々を守る活動　*99*

自然との関わり・生命尊重　*126*

自然に親しむ活動　*8*

自然や物を使った遊び　*138*

市の様子の移り変わり　*87*

自分の成長　*139*

社会科への貢献　*79*

社会生活との関わり　*125*

社会的事象　*ii , 50, 79, 83, 116*

蒸発散　*56*

情報　*100*

情報活用能力　*162, 176*

情報の信頼性　*162*

自立心　*124*

侵食、運搬、堆積　*67*

す

水害　*21, 81, 99*

水害と地域の人々が取り組む対策　*103*

水害の前兆現象　*100*

水害の発生する過程　*102*

水害発生の機構　*7, 22*

水害や渇水　*114*

水害リスク　*7, 27*

水害レポート　*71*

せ

生活科　*147*

生活や出来事の伝え合い　*138*

生物と環境　*73*

生物と水との関わり　*74*

先人の働き　*105*

そ

総合的な学習の時間　*148*

た

体験的な活動　*8*

体験的な学び　*9*

段階的な発展が可能　*147*

探究課題　*28, 32, 33, 34, 35*

ち

地域と生活　*136*

地域の地形や土地利用　*85*

地下へのしみ込み　*56*

地形　*79*

地形と河川の働き　*81*

地形と人口の変化　*88*

地形の捉え方　*80, 90, 100, 109, 116*

地形の働き　*50, 80, 99, 106, 109, 111*

地形の見方と気候　*106*

地形の見方としての流域　*90*

地形や土地利用　*103*

知識及び技能　*37*

地表面の流れ　*56*

て

天気の変化　*70*

天気の様子　*63*

と

動植物の飼育・栽培　*138*

道徳性・規範意識の芽生え　*125*

土地のつくりと変化　*76*

都道府県の様子　*90*

な

流れる水の働きと土地の変化　*65*

は

ハザードマップ　*88, 100, 163*

氾濫　*21, 27*

ひ

避難　*100, 133, 166*

避難訓練　*153, 174*

避難行動　*81*

避難先　*141*

ふ

分水嶺（分水界）　*11, 59*

ほ

防災　*166*

防災教育　*27*

防災情報　*4, 101*

ま

学びに向かう力、人間性等　*38*

み

水固有の特性　*122*

水資源・環境　*168*

水循環　*4, 13, 49, 96, 116, 158*

水循環と流域　*64*

身近な河川　*5, 80, 90, 142*

身近な地域や自分たちの市区町村の様子　*83*

め

メタ認知　*9, 10, 25*

も

問題発見・解決能力　*164*

ゆ

豊かな感性と表現　*127*

よ

幼児教育　*147*

予想や仮説　*52*

り

理科・社会科等の教科・単元　*148*

理科の考え方　*52*

理科の見方　*52*

理科への貢献　*51*

流域　*4, 11, 49, 112, 113, 158*

流域界　*59*

流域という地形の捉え方　*80*

流域という見方・捉え方　*ii, 12, 60*

流域と水循環　*ii, 5, 10, 13, 62*

流域の概念　*82, 167*

流域の境界　*11, 59, 106, 109*

流域の構造　*11*

流域のスケール　*158, 176*

流域の働き　*34, 42, 168*

流域の見方・捉え方　*iii, 5*

流域の役割　*60*

流域や河川に着目　*92*

182

表紙及び図中等の流域イラストは、地理院地図のツール（3D）
で作成した図を加工して河川財団において作成

河川・水の学び
生きる力をのばす教育

2024 年 11 月 26 日　第 1 刷発行

著　者　　公益財団法人　河川財団
発行者　　伊東 千尋
発行所　　教 育 出 版 株 式 会 社
　　　　　〒135-0063　東京都江東区有明 3-4-10　TFT ビル西館
　　　　　電話　03-5579-6725　振替　00190-1-107340

© The River Foundation 2024　Printed in Japan　印刷　モリモト印刷
落丁・乱丁本はお取替いたします　　　　　　　　　製本　上島製本

ISBN978-4-316-80513-9　C3037

河川・水教育の実践にあたり、「河川・水の学び授業展開例」を参考にご利用ください。

https://www.kasen.or.jp/Portals/0/kasenmizu_tenkairei.pdf